どんな運も、思いのまま!

李家幽竹の 風水大全

All About Feng Shui

by Yuchiku Rinoie

李家幽竹

ダイヤモンド社

運

あなたの運を
コントロールしているのは、
あなた自身です。

心

自分がほしい
幸せのかたちを
思い描けていますか？

住

「開運グッズさえ置けば
運がよくなる」
と思っていませんか？

食

今、あなたが食べたいもの。
それこそがあなたにとって
必要な運を
もった食べ物なのです。

衣

「見た目」って、
あなたが思う以上に
大切です。

動

できない理由を探すより、
今できることを
ひとつでもやってみましょう。

はじめに

「どんな人でも運がよくなれる」、それが風水の持つ力です。
そういうと、まるで魔法のようだと思われるかもしれませんが、**風水とは、自分の力で運気を引き寄せるための法則**を解き明かした学問であり、その法則をしっかりと守れば、どんな人にも**自分の思い描く幸せ**が訪れるものです。

私が初めて風水の本を出版したのは、今から20年以上前のこと。まだ「風水」という言葉もあまり知られておらず、せいぜい占いの一種だと思われていた時代です。
そんななか、**多くの人に本当の意味での風水を知っていただきたい**という思いで、これまでたくさんの本を書き続けてまいりました。今では、多くの方に風水を知っていただき、実践していただけるようになったのではないかと思います。

ですが、振り返ると私がこれまで書いてきた多くの本は、どれも実践テクニックに重きを置きすぎて、風水の根幹の考え方が十分にお伝えできていなかったのではないかと思い至りました。もちろん、実践テクニックはすぐに行動に移すことができ、何よりも風水の効果を実感していただけるし、実践なくして運気は得られませんので、それは正しかったことだと思っております。ただ、**今は時代が代わり、考え方や心の持ち方が運気を左右するというステージに変わってきた**ように感じるのです。

風水を実践して運気がやってきたようには感じるけれど、本当にほしい運が訪れていないという方は、**今実践している開運行動の理由を知ることで、その先の運気を得ることにつながります**。風水で提唱するすべての開運行動にはその裏付けとなる理論があるのです。本書では、その「考え方」を中心にすべての風水が理解できるよう、さまざまな実践法についてもお伝えしています。

この本を読むだけで、今まで風水を実践されてきた方はもちろん、これから風水を始める方も、**「風水」の本質を理解し、みなさまが望む運を手にすることができるようになる**のではないでしょうか。

本書が、**みなさまの運命を大きく変える「魔法の書」**になることを心から願っております。

色を味方につけて運を呼び込む！

色の意味＆使い方事典

いろいろな色＋ほしい運気の色をバランスよく

自分がほしい運気の色を身につけたり、インテリアに取り入れたりすることで、その運気を呼び寄せるというのが、基本的な使い方。ただし、ずっと同じ色ばかり身につけていると、吸収率が下がってしまいます。ほしい運気をもつ色を積極的に取り入れつつ、ほかの色もまんべんなく使うように心がけましょう。

赤

やる気を高め、勝負ごとに勝たせてくれる色

やる気を高め、生命力を与えてくれるほか、運に変化をもたらしたり、言語能力を高めたりする働きも。試験やプレゼンなど、「勝負がかかった日」に身につけると効果的。ただし、「火」の気が強いので、使う分量は控えめに。白と組み合わせるのもおすすめです。また、「金」の気をつかさどるキッチンや財布には使わないようにしましょう。

オレンジ

やわらかく火を燃やし、出会いの風を起こす

「やわらかく燃える火」の色。生命力ややる気を高めてくれます。明るさや親しみやすさを与え、人から好かれやすくしてくれるほか、周囲から悪い言葉を受けづらくなる効果も。また、「火」を「風」に変える力があるので、出会い運がほしいときに身につけると効果的です。赤と同様、「火」の色なので、財布には使わないようにして。

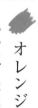

ピンク

女性の喜びごとを増やし、恋愛運アップ

「桃花」(=女性の慶事)を表す色。愛情や優しさをもたらし、女性の運気全般を上げてくれます。恋愛運や愛情運を高めてくれるほか、女性の容姿を美しくしてくれる働きも。財布に取り入れると、人におごられたりプレゼントされたりする棚ぼた運がアップ。男性がいる家庭では寝室にピンクを使うと生命力が落ちてしまうので注意して。

紫

ステータスや品格を与える「グレード」の色

ステータスを高め、グレードを上げてくれる色。人に会うときに身につけると、引き立てられたり、丁重に扱われたりする効果が期待できます。濃い紫は「上に立つ人」という印象を与えるので、人より抜きんでたい人におすすめ。淡い紫は品格や気品を与えてくれるうえ、悪い土壌をクリアにする浄化の作用もあるので、品よく見せたいときに。

ペールブルー

「水」なら吸収力アップ、「空」なら行動力アップ

「水色」とも「空色」ともとらえられる色ですが、どちらのイメージでとらえるかは見る人次第。「水色」であれば「水」の気、「空色」なら「木」の気が強くなります。前者の場合は、体にたまった悪い気を流し、運を吸収しやすくしてくれますし、後者は行動を起こすときに身につけると、「動」の気を後押ししてくれます。

青

感性を際立たせ、決断力を与えてくれる

身につける人の感性を際立たせる色。決断力をつけたり、怒りを沈静化したりする働きもあります。女性が身につけると強さが強調されるので、ピンクなどと組み合わせて身につけ、強さをやわらげるようにしましょう。また、「水」の気が強く、「金」の気を流す働きがあるので、財布には使わないほうが無難です。

ネイビー

身につけるときちんとした印象に

制服などに用いられるネイビーには「正しい」という象意があるので、面接や地位の高い人との打ち合わせなど、相手にきちんとした印象を与えたいときに身につけると効果的です。また、基本的に「水」の気をもつ青系の色は財布には不向きですが、ネイビーは「ためる」運気があるのでOK。お金を貯め込み、貯蓄を増やしてくれます。

緑

発展、成長をもたらす樹木の色

樹木＝「木」の色。やる気を促し、発展、成長の運気をもたらします。また「火」の気をよい方向に導き、生命力を高めてくれる働きもあります。濃いグリーンは治癒力にすぐれた色なので、体調が悪いときに身につけると効果的。淡いグリーンは人間関係運アップに効果的。若々しくフレッシュな印象を与え、人に親愛の情を抱かせてくれます。

カーキ

成長や発展を促しつつ、「火」の気を中和

「土」と「木」、両方の気をあわせもつ色。運気を定着させるとともに、成長や発展を促します。過剰になりやすい「火」を抑えてくれる作用もあるので、暑い季節のインテリアやファッションに取り入れると効果的。また、ブラウンと同じく「ためる」気をもっているので、財布にもおすすめです。

ブラウン

運気を定着、安定させ、「ためる」力をアップ

「土」を象徴する色。運気を定着、安定させてくれます。「ためる」力が非常に強いので、財布に取り入れるとお金がたまりやすくなります。ただし、使い方が悪いとため込んだものを一気に放出することがあるので気をつけて。また、「火」の気を中和し、落ち着かせる働きがあるので、キッチンや電化製品まわりに取り入れるのも◎。

ベージュ

「金」を生み出し、「火」を浄化する「土」の色

「金」の気を生み出す「土」の色。色が濃ければ濃いほど「ためる」力が強くなり、白に近い色ほど「火」の気を浄化する働きが強くなります。気品をもたらし、品よく見せてくれるので、上品に装いたいときに身につけると効果的。また、成長の運気をサポートする働きもあります。ファッションやインテリアのほか、財布など小物にも。

アイボリー

女性の喜びごとを増やし、恋愛運アップ

「土」から生み出される豊かさを表す「金」の色。新しく生まれた運をため込み、より豊かな実りをもたらしてくれます。また、足りない運を補充する力や、悪い「火」の気を浄化してくれる作用もあります。ファッションやインテリアなど、環境全般に使えるオールマイティーな色。財布に使うとお金が増えやすくなります。

黄色

豊かさをもたらし、人生を楽しくしてくれる色

「豊かさ」を象徴する「金」の色。お金や楽しみごとをもたらし、人生を楽しくしてくれます。肌にふれる場所に取り入れると、心のマイナスを吸い取ってくれる作用も。「陽」の気が強いので、男性が使う場合はマスタードやキャメルなど、少し彩度を落とした色を選んで。財布に使うなら真っ黄色は避け、パステルイエローかマスタードイエローに。

クリーム色

楽しみごとを増やし、金毒を浄化

「金」の色である黄色とリセットカラーである白の中間色。楽しみごとを増やすとともに、悪い気を取り除く浄化作用があります。ファッションやインテリア、小物などに使うと楽しみごとを呼び込んでくれるほか、ステータスも高めてくれます。金毒の繁殖を抑える力があるので、財布に取り入れるのもおすすめです。

白

浄化効果抜群！　初対面の印象アップにも

悪い気を浄化してくれる色。自分をクリアに見せてくれたり、印象をよくしてくれたりする効果があるので、初めての人に会うときにはこの色を身につけると、相手に好印象を与えられます。また、ほかの色と一緒に身につけることで、その色のもっているきついイメージをやわらげたり、その色の運気を際立たせたりする効果もあります。

グレー

濃淡で陰陽バランスが変わる「水」の色

「水」の気をもつ色。白に近い明るいグレーは「陽」の気が強く、よい「水」の気を増やしてくれる作用があります。「水」が増えるとお金も増えやすくなるので、財布にも使えます。チャコールグレーのように黒に近いグレーは「陰」の気が強くなるので、水まわりや寝室などではあまり使わないほうがいいでしょう。

黒

今の状態を際立たせるスペシャルカラー

強い「水」の気をもち、信頼やつながりを表すほか、「隠す」「守る」という象意も。心身のコンディションがいいときに身につけると、その状態を際立たせてくれます。また、黒い服を着た翌日にほしい運をもつ色を身につけると、その色からより多くの運をもらえるという効果も。「陰」の気が強いため、インテリアのベースカラーに使うのは避けましょう。

金

「金」の気を強め、光や輝きを与える

「金」の気そのものの色。強い「陽」の気をもち、身につける人のもっている気、とりわけお金や楽しみごとなど、「金」の気のもつ運気を強めてくれます。また、天の恵みをもたらし、光や輝きを与えてくれる力もあります。インパクトの強い色なので、下品にならないように気をつけて使いましょう。アクセサリーに取り入れるのも◎。

銀

「水」の気の吸収を助け、女性を輝かせる

「水」を表す色。「水」の気の吸収をサポートしてくれるほか、女性のもっている運気を輝かせてくれる働きがあります。アクセサリーやメイクのほか、靴やバッグなどに取り入れるのもおすすめです。財布に使うと、「いつの間にか少しずつお金が増えていく」効果が期待できます。

透明

すべてをクリアにし、ほかの色を際立たせる

水のように透明なクリアカラーは、まさに「水」そのもの。すべてを洗い流し、クリアにしてくれます。ほかの色と組み合わせると、その色の気を強め、際立たせてくれる働きも。ネイルやアクセサリーのほか、クリアタイプのバッグの中にほしい運をもつ色のインナーバッグを入れるなど、透明感を生かした使い方を工夫してみてください。

「何色？」と迷ったら感覚を優先

「〇〇色」とひと言で言っても、濃い色もあれば薄い色もあります。色が濃いほうがいいというわけではなく、淡い色にもその色ならではのパワーがあるので、そのときの自分のコンディションやほしい運、全体のバランスを考えて色選びを。また、なかには「これは何色？」と迷う色もありますが、色の定義はその人の感覚次第。自分が「この色」と思えばそれでＯＫです。

マルチカラー

いろいろな運を一度に吸収できる

いろいろな色を組み合わせたマルチカラーは、それぞれの色のもつ運気を一度に取り入れることができます。あらゆる運をまんべんなく取り入れたいとき、運のベースアップをはかりたいときにおすすめ。ワントーンでまとめたファッションにアクセント的に使う、部屋に飾る花をマルチカラーにしてみるなど、いろいろ工夫してみてください。

グラデーションカラー

その色の運気をすべて取り込める

グラデーションカラーは色の濃淡を問わず、その色のもつ運気をすべて取り入れることができるのが特徴。複数の色のグラデーションカラーなら、使われている色の運気をすべて吸収できます。異なるトーンの色をトップス、バッグ、靴などに取り入れ、全身でグラデーションを作るのも同じ効果があります。

人に不快感を与える色使いはＮＧ

色には「使ってはいけない色」や「運の悪い色」はありません。たとえば、黒は縁起の悪い色だと思われがちですが、決してそんなことはありません。要は使い方次第。ただし、全身黒ずくめなど、見る人に不快感や違和感を抱かせる使い方はＮＧです。これはどの色でも同じこと。色を取り入れるときは調和とバランスを意識し、心地よい使い方を心がけましょう。

目次

どんな運も、思いのまま！　李家幽竹の風水大全

第1章 風水とは

快適に生きるための暮らし術

第２章 心 自分を整える

第3章

住　まずは運のベースづくりから

第4章 食 毎日の食があなたの運をつくる

第5章 衣 身につけるものはあなた自身のイメージ

第6章

動

運の始まりは「動く」こと

風水の歴史

風水の発祥

風水の歴史は、**紀元前に中国の神話上の名君である黄帝《こうてい》が、天より風水書を賜り、中国を統一したことから始まったと言われています。**その後、青烏子《せいうし》によって「青烏《せいう》経《きょう》」という経典が記され、これが風水最古の経典とされています。

風水に関する記述が実際の歴史書に登場するのは、2700年ほど前のこと。中国で最も古い史書である「尚書《しょうしょ》」に、地形地勢を「卜宅《ぼくたく》」によって視察したという記述があり、これによってこの時代にはすでに風水が存在していたことがわかります。なお、このころはまだ「風水」ではなく、地理学や相地、卜宅などと呼ばれていました。

前漢の時代になると、風水は大いに発達し、さまざまな風水書が著されました。それまでの呼び名に替わり、**「風水」という専門用語が使われるようになるのは、4世紀ごろのこと。**晋《しん》代の郭璞《かくはく》（276〜324）が書いた「葬書《そうしょ》」の中に「気は風に乗って則《すなわ》ち散《さん》じ、水に界《くぎら》れば則ち止まる。ゆえにこれを風水という」という記述がみられます。

この「葬書」は、風水書の原典とされ、今なお、多くの風水師の経典となっています。

風水の二大流派

その後、風水は大きく二つの流派に分かれて発展していくことになります。

ひとつは、中国南東部の江西省で発展した「江西派《こうせいは》」。もうひとつは同じく南東部の福建省で発達した「福建派《ふっけんは》」。江西派は目に見える具体的な地理、形勢の解読を主眼として行っていたため、「形勢派《けいせいは》」とも呼ばれます。一方の福建派は地相を読むだけでなく、天文と地理の相応関係に力点を置いているのが特徴。理の原理によって地を読もうとすることから、「理気派《りきは》」とも呼ばれます。

理気派の考え方では、あらゆるものが五行に帰納するため、時代や社会の変化に左右されることなく、普遍的な原理に基づいて判断することができます。**現代社会において活用されている風水は、おもにこの理気派によるもの**といっていいでしょう。

風水の発展と日本への伝来

このようにして発展した風水は、平時には王都の設営、墓所の設計などを統括する環境工学として、戦時には軍学としてその地位を確立させていきました。唐《とう》の長安《ちょうあん》をはじめ、明朝《みんちょう》から清朝《しんちょう》、現代の北京《ぺきん》に至るまで、**中国の歴史上で栄えた多くの都は、すべて風水によってつくられたもの**。また、「三国志」で名高い諸葛孔明《しょかつこうめい》を筆頭に、**中国史に名を残す軍師たちはみな、風水を駆使した兵法を実践する風水師でもあった**のです。

日本に本格的に風水が伝わったのは、602年ごろ。百済《くだら》の僧侶・観勒《かんろく》が、暦法（太陰暦）とともに数々の風水書を持ち込んだことがきっかけとされています。観勒を日本に招いたのは、渡来人と親交の深かった蘇我《そが》氏。**蘇我氏を通じて風水は聖徳太子にも伝わり、以後、日本の都づくりに大いに重用される**ことになります。

そのように栄えた風水が日本の歴史から消えたのは、江戸に幕府が開かれてからのこと。**天下を手にした徳川家康は、天下平定のために風水を封印**。それによって風水は歴史の表舞台から姿を消したのです。

第1章

風水とは

快適に生きるための暮らし術

風水は、衣食住動すべてを使って「快適に生きる方法」を追求する学問

「風水って何？」

そう聞かれて、パッと答えられる人は少ないかもしれません。

風水は「衣」「食」「住」「動」、つまり**自分の環境すべてを使って、「快適に生きる」ことを追求していく学問**です。ここでいう環境とは、持ち物や衣服、家のインテリアなどはもちろんのこと、出かける場所や口にする食べ物、人間関係、毎日の生活習慣、お金の使い方やものの考え方など、文字通り、**人が人として生きていくうえでの「すべて」**を指しています。

風水の発祥は紀元前の中国。まだ科学的な知見などなかった時代、人々はどんなところに住めば安全に快適に暮らせるのか、家の中の環境をどう整えればいいのか、何を食べ、どんな場所で過ごし、どんなものを身につければ生活が向上するのかといったことを考え、さまざまな試行錯誤をくり返してきました。その経験を理論化してまとめたのが風水のはじまりです。

当初、地理学として、また国を守るための軍学として発展してきた風水を、個人レベルで大きく発展させたのが、李朝時代《りちょうじだい》の韓国です。中国のように広大な土地がなかったので、風水は**「身近なところから運を鍛える学問」**として発展し、より個人の生活に密着したものとして体系化されていきました。本書でご紹介する風水は、その流れを受け継いだものです。

日々の生活のなかで、**何を考え、どんなことをし、身の周りに何を置き、何を自分の中に取り込んでいくか**……今のあなたの運は、それらすべてが重なり合って形づくられています。本当に運をよくしたい、変えたいと思うなら、環境すべてを見直し、変えていかなくてはなりません。そのためには具体的にどうすればいいのかを教えてくれるのが、風水なのです。

風水を実践すれば必ず運がやってくる

「風水を実践すれば必ず運がよくなる」なんて、まるで怪しい宗教のように感じる人もいるかもしれませんが、じつはこれは本当のことです。

「運」というと、「偶然空から降ってくるもの。だから、自分の力で運をどうこうするなんてできるわけがない」と考える人もいるかもしれません。しかし、風水では、いいことであれ、悪いことであれ、**何かが起こるとき、その出来事は必ず環境の影響を受けていると考えます**。身の周りにいいことや楽しいことばかりが起こるか、逆に嫌なことや不愉快なことばかりが起こるか、それは環境次第。「運がいい人」というのは、起こるかどうかわからない偶然に頼る人ではなく、**いい出来事を自分の身の周りに引き寄せることができる**、そういう環境をもつ人のことなのです。

では、運がよくなると、どんな変化が起きるのでしょうか。たとえば、ひそかに素敵だと思っている人に声をかけられるとか、抽選販売のチケットに当選する、ちょっとした臨時収入がある……皆さんが思い浮かべる「運のよさ」は、そんなイメージかもしれません。もちろん、それも運のよさのひとつです。しかし、風水で言う「運」とは、そんな小さなことを指すのではありません。

運がよくなる、というのは、その人自身のステージがひとつ上がり、**環境すべてが一段階グレードアップする**ような、抜本的な変化です。風水を正しく実践していれば、それは必ず起こること。おそらく皆さんも、風水を始めて3カ月ほどたてば、「私、運がよくなった！」と強力に運を実感できるはずです。それだけではなく、生命力が上がり、悪いものが心にも体にもたまらなくなるので、周囲の人からも「明るくなった」「何か変わったね」などと言われるようになるはずです。

なかには「きちんとやっているのに効果が感じられない」という人もいるかもしれませんが、それは自分の環境のなかに運を阻害しているものがあるためです。それを見つけて取り除き、よりよい運をもたらしてくれるものを取り入れていけば、必ず運のよさが実感できるようになります。

「何かを置く」のが風水だと思い込んでいませんか？

風水というと、「西の方角に黄色いものを置く」というように、何かを置いたり身につけたりすることで運気を上げるものだと思っている人が少なくありません。確かに、それも風水の一部ではありますが、それだけが風水ではないということを、ここでぜひ知っておいていただきたいと思います。

風水は、環境すべてを使って運を鍛えていく学問です。「環境」には、**持ち物や身につけるものだけでなく、人間関係や食べ物、インテリア、話す言葉、考え方、趣味**など、あらゆるものが含まれています。それらすべてを整え、あらゆる物事がスムーズに循環するようにしていくことが風水なのです。空間に何かを置いたり、何かを身につけたりするのは、あくまでもその一環であり、それだけを行えば運が上がるというものではありません。

さらに、風水で最も大切なのは、**調和とバランス**。「西の方角に黄色いものを置く」ことが、風水の理論として正しいとしても、それが周囲のインテリアと調和していなければ、それは逆に運を落とす原因になってしまいます。

風水につきものだと思われがちな龍の置物や銅銭なども同じこと。これらは古代においてはおしゃれなトレンドアイテムであり、開運アイテムでした。でも、現代の空間に突然これらを置いたら、それは「怪しいもの」「変なもの」と思われてしまうでしょう。つまり、何かを置けばそれでいい、という単純な話ではないのです。

風水は実践を重んじる学問ですが、そのベースには必ず「なぜそうするのか」という理論があります。大切なのは、「何を置くか」ではありません。「なぜ置くか」なのです。今まで風水を実践してきたけれど、あまり効果がないような気がする、という人は、理論をよく知らずにただ実践だけしてきたのではないでしょうか。**運気を上げたいなら、「なぜそうするのか」を常に意識する**ようにしましょう。同じことをやっても、それだけで開運効果は大きく変わってきます。

「運がこない」原因に「気づく」ことが運の始まりです

自分の運の悪さを家庭状況や社会のせいにする人がいますが、それは大きな間違い。親の庇護のもとにある子どもならいざ知らず、一人前の大人であるなら、**あなたの運はあなた自身のもの**。もし、「運が悪いのは私のせいじゃない」と思っている人がいるなら、今すぐその考えを改めてください。**運のコントロールバーは自分自身が握っているべきもの**。他人に渡してしまったら、そこで運は終わってしまいます。

運というのは、**「この運がほしい」と願い、そのために行動すれば必ず手に入るもの**。それが風水の考え方です。もちろん、あまりに現実とかけ離れた願いは別ですが、そうでなければある程度はかなうようにできているのです。もしあなたが、「願いがかなわない」「運がこない」と感じているなら、それはあなた自身の中に運を阻害するものがあるからです。
たとえば、「私なんてどうせバカだから」と自分を卑下するようなことを口にしている、服装には気を配っているのに家はいつも散らかっている、いつも相手にばかり要求して自分が相手に何をしてあげられるかを考えていない……など、あなた自身も気づいていない「何か」があるはず。

「運が悪い」と嘆いたり、他人や社会のせいにしたりしているうちは、何も変わりません。運をよくしたいのなら、自分の環境の何が悪いのか、何が運を阻害しているのか、きちんと見つめ直してみる必要があります。そういう意識をもって自分自身と向き合えば、必ず、「これだったのか！」と気づくはず。風水は、「気づいた者勝ち」の学問。**気づくことで視界が開け、自分の進むべき道が見えてきますよ。**

すべての運は希望をもつことから始まります

「幸せになりたい」「運がよくなりたい」という願いは、誰もが抱くもの。でも、皆さんは、自分がほしい「幸せ」や「運のよさ」を具体的にイメージできていますか？ただ何となく「運がよくなりたいな」とか「幸せになれたらいいな」と思っているだけ、そんな人がほとんどなのではないでしょうか。

でも、なりたい自分が決まっていないのに、運がほしいからと、空間に何かを置いたりやたらとモノを捨てたりするのは、暗闇で目指す方向もわからないのに、むやみに走り回ったりするようなもの。どんなに一生懸命やっても、それが自分の目指す「幸せ」と合致しているかどうかはわかりません。それに、自分のほしい運がわかっていなければ、目の前に「その運」がやってきても、わからないですよね？

ですから、まずは**あなたのイメージする「運のいい人」とはどんな人なのか**、具体的に考えてみる必要があります。思いつかない場合は、これまで自分の身に起こった「運のいいこと」を書きだしてみて。

なかには「運がよかったことなんてない」という人もいるかもしれませんが、「運がいいこと」は大きな出来事だけとは限りません。「今まで健康に過ごしてこられた」「病気にかかったけれど回復した」「家族と仲良く過ごせている」などの平凡に思えることも、「運がよかったこと」に含めれば、きっとたくさん思いつくはずです。これを書くことは、自分自身を見直し、運のベースを再確認することにもつながるのでぜひ実践してください。

そのうえで、この先、自分がどうなりたいのかを考えてみましょう。**「こうなりたい」という希望は、人生という道を照らす光**。光がなければ、自分自身も周りの環境も見ることができません、希望という光をもつことで、自分の環境が今どうなっているのか、この先どうすればいいのかが自ずとわかってくるはず。それがすべての運の出発点です。

風水のベースは「陰陽五行説」

風水は、**陰陽五行説**《いんようごぎょうせつ》という考え方をベースにして成り立っています。陰陽説とは、すべてのものは「陰《いん》」と「陽《よう》」どちらかの性質をもち、互いに支え合いながら成り立っているという考え方。

たとえば男性は「陽」であるのに対し、女性は「陰」の性質をもっています。同様に「明るい」「昼」「天」などは「陽」、「暗い」「夜」「地」などは「陰」に属します。

陽と陰は相反する性質ですが、**陽がよくて陰が悪いというわけではなく、どちらも必要な要素**。どちらかが過剰になってしまうと、気のバランスが崩れ、さまざまなトラブルが起こりやすくなります。基本的には、**陽が陰より少し勝っている（勝陽劣陰）くらいがベストバランス**ですが、そのときの環境や心身のコンディションによって、陽を強めにしたほうがいいときもあれば、逆に陰を強めにしたほうがいいときもあり

●五行相関図

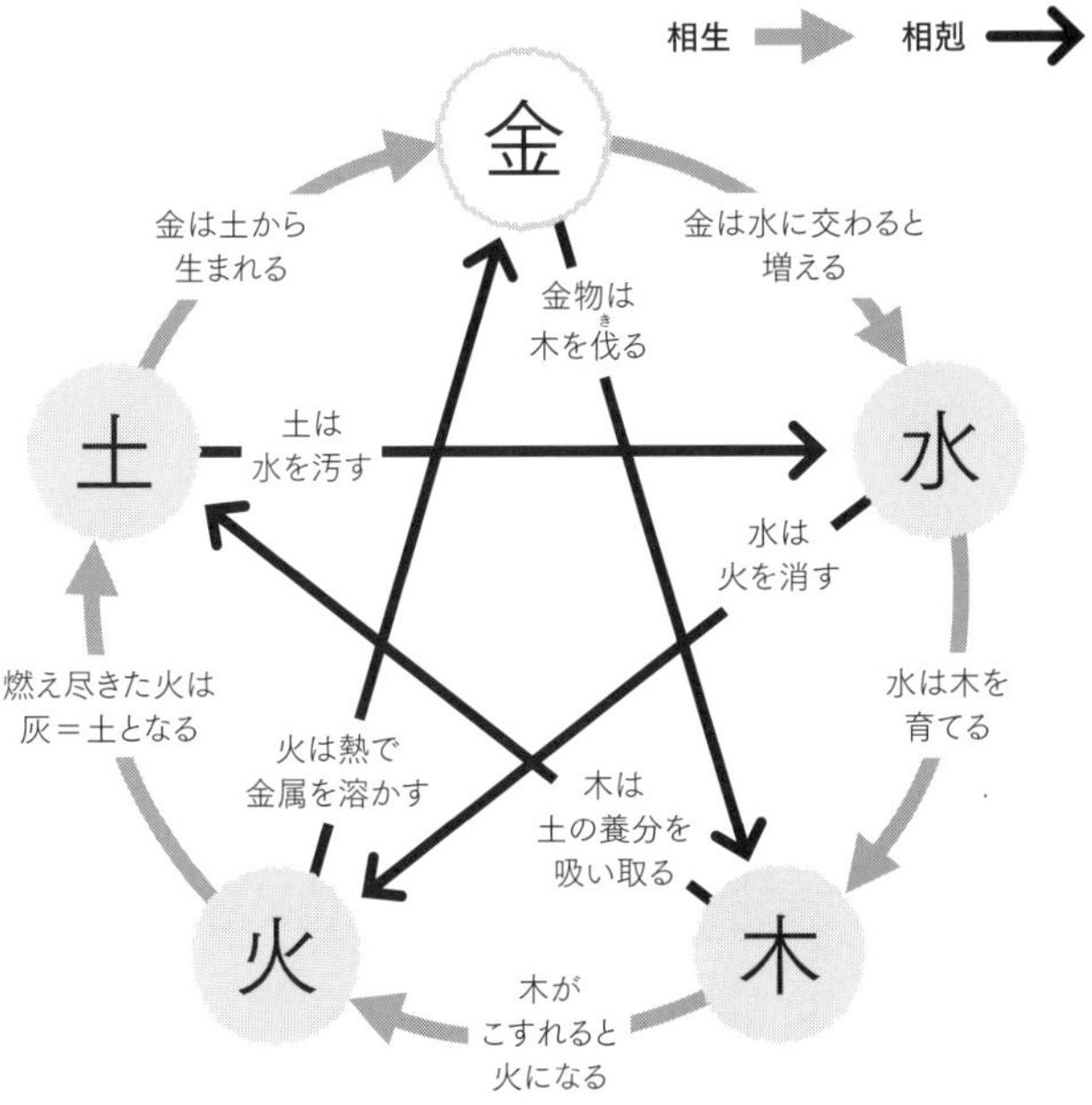

●陰陽例

「陽がよくて陰が悪い」ということではなく、
陰と陽の両方をちょうどよい割合であわせもつことが大切です。

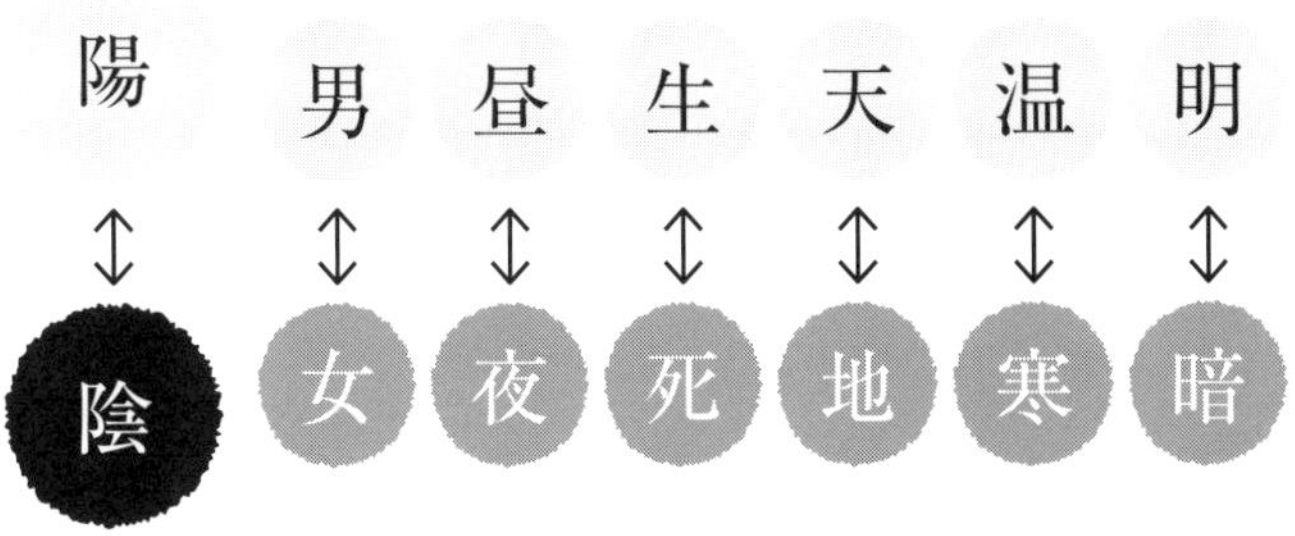

ます。そのときの自分の状態を見極め、自分にとっていちばんいい状態になるようにバランスを整えていくことが大切です。

また、五行説とは、**この世のすべてのものは「木・火・土・金・水」の5つの要素（五行）に分類される**という考え方。たとえば、情報や言葉は「木」、地位やステータスは「火」、甘いデザートや貴金属は「金」に属します。五行はそれぞれ異なる運気をつかさどっており、お互いに生かし合ったり（相生）、対立したり（相剋）する性質があります。

この陰陽と五行の関係が、風水におけるすべての開運行動のベース。風水で運気を上げたいなら、ぜひこのことを頭に入れておいてください。

何も知らずに開運行動を行っても、それは形だけのこと。開運効果を高めたいなら、**その行動は「なぜ」「何のために」行うものなのか、それをきちんと理解したうえで実践する**ことが大切なのです。

●五行別・運気と象《しょう》意《い》

五行	つかさどる運	属するもの
木	▶仕事運 ▶発展運 ▶勉強運	情報・言葉・音・向上心・AV機器・情報機器・木製のもの・コットン・酸っぱい食べ物&飲み物・柑橘類・若々しい行動・流行のもの・スポーツ
火	▶ビューティ運 ▶ステータス運 ▶人気運	地位・ステータス・直感力・芸術・美・別離・プラスチック・ガラス製のもの・感性を生かした仕事・ファッション&美容業界・株式投資・ギャンブル・えび・かに・貝
土	▶結婚・家庭運 ▶健康運 ▶不動産運	努力・安定・継続・伝統・貯蓄・転職・和風のインテリア・和雑貨・和食・陶器・ローヒールの靴・ストレッチ素材・お茶やお花などの習い事・ガーデニング
金	▶金運運 ▶事業運 ▶玉の輿運	楽しいこと全般・人からの援助・豊かな生活・飲食・楽しみ事・貴金属・刃物・丸い形状のもの・甘いデザート・高級感の漂う品のいいファッション・老舗ブランドのグッズ・宝石
水	▶愛情運 ▶セックス運 ▶フェロモン運	信頼・交際・交流・秘密・男女の情・女性らしい行動・フェミニンなファッション・キャミソール・レース素材・シフォン素材・網タイツ・リップグロス・ストール・スカーフ・日本酒

自分の「陰陽バランス」を知りましょう

風水ではこの世のすべてのものは「陰」か「陽」どちらかの性質をもつと考えます。この**「陰」と「陽」のバランスがすべての運気を左右します**。自分にとってベストな陰陽のバランスを見つけ、そのバランスを保ちながら生きていくこと。それが、気の流れをよくし、運気を向上させるとともに、日常生活を快適で心地よいものにすることにつながっていくのです。

そのための第一歩として、ぜひやってみてほしいのが、**自分の「陰陽バランス」のセルフチェック**。性格や考え方の傾向、ライフスタイル、住んでいる家の環境、着る服の色やテイスト、食べ物の好みなどによって、その人の陰陽のバランスは大きく変わってきます。

たとえば、アクティブな性格でにぎやかに過ごすのが好きな人は「陽」の気が強めですし、インドア派で内向的な人はどちらかというと「陰」寄り。日当たりのいい家に住んでいる人は「陽」が強く、逆にあまり家に日が当たらない場合は「陰」が強くなります。

自分の環境がどちらかというと「陽」寄りなのか、それとも「陰」寄りなのかを知っていれば、それをバランスのいい状態にもっていくためにはどうすればいいのか、ということもわかってくるはず。日当たりが悪い家に住んでいるなら、足りない「陽」の気を補うために、食べ物や着るものなどで「陽」の気を取り入れる、逆にアクティブで「陽」の気に満ちあふれた生活をしているなら、インテリアは落ち着いた雰囲気にして適度な「陰」の気を加えるなどバランスを整えて。**ひとつひとつの要素をちょうどいいバランスで整えるのは難しくても、ほかの要素で足りない部分を補うことができれば、問題ありません**。ぜひ皆さんも、次のページのチャートでご自身の陰陽バランスをチェックしてみてください。

陰陽バランスチャート

**自分自身の性格やライフスタイルを振り返ってみると、
自分が陰陽どちらの傾向を強くもっているかがわかります。
左のチャートで、自分があてはまる、
あるいはより近いと考えるのは
どちらか、○をつけてチェックしてみましょう。**

性格・思考の傾向

人見知り	●—●—●—●—●	社交的
ひとりでいるのが好き	●—●—●—●—●	大勢でにぎやかに過ごすのが好き
無口	●—●—●—●—●	話し好き
心配性	●—●—●—●—●	楽天家
落ち込みやすい	●—●—●—●—●	悪いことはすぐ忘れる

ライフスタイル・生活習慣

インドア派	●—●—●—●—●	アウトドア派
夜型	●—●—●—●—●	朝型
趣味は特にない	●—●—●—●—●	多趣味
腰が重い	●—●—●—●—●	フットワークが軽い
持ち物は多め	●—●—●—●—●	持ち物は少なめ
冷え性	●—●—●—●—●	暑がり
基本的にシャワーでいい	●—●—●—●—●	毎日お風呂に入りたい

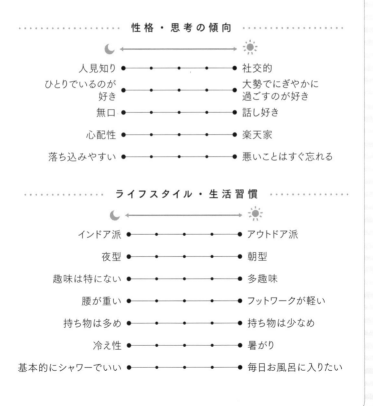

\ POINT /

どちらがいい、悪いということではなく、大切なのは両者のバランスがとれているかどうか。

◯の位置が左右どちらかに偏っているという人は、陰陽のバランスも偏りやすいので、インテリアや身につけるものなどを見直してみることをおすすめします。

衣

陰（月）	陽（太陽）
ダークカラーの服が多い	明るい色の服が多い
黒髪	明るい髪色
前髪は厚め	前髪は薄め、または作っていない

食

陰（月）	陽（太陽）
冷たい飲み物が好き	温かい飲み物が好き
サラダ派	温野菜派
ひとりでサッと済ませることが多い	家族や友人と食べることが多い

住

陰（月）	陽（太陽）
インテリアのメインカラーは寒色系	インテリアのメインカラーは暖色系
照明は暗め＋間接照明やキャンドル	天井照明メインで全体的に明るめ
眠るときは真っ暗にする	眠るときは小さな照明をつけて寝る

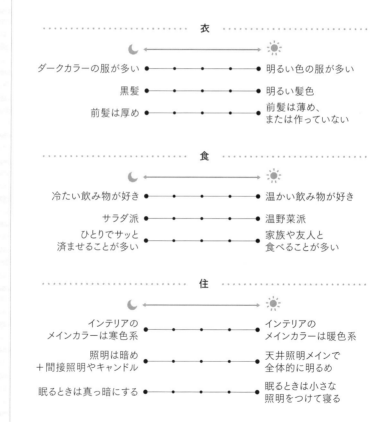

小さくてもいいので「○《まる》を作る」ことを目標に

風水を実践するうえで、ぜひ意識してほしいのは、**「小さくてもいいから○を作る」**ということです。○というのは、文字通り「真ん丸」。**満月のようにどこも欠けていない状態です**。自分の環境や運のどこかに「欠けている」ものがあると、気がスムーズに回らなくなりますし、そこから欲望やマイナスの感情が生まれたり、悪い意味での陰の気に引きずられやすくなってしまいます。

運気を向上させたければ、まずは**自分に欠けているものは何かを知る**ことから始めましょう。たとえば、結婚したいと思っているのに、現在結婚を考えるような相手がいないなら、それが「欠け」ですし、自分が買いたいものを自由に買えるだけのお金がないのも「欠け」です。

　その**「欠け」を補い、弱いところを強化することで、全体を○に近づける**ことが運気アップの第一歩。それができたら、今度はバランスよくすべての運を強化し、少しずつでいいので○を大きくしていきましょう。運気は、そうやって大きくなっていくものなのです。

　仕事運だけはすごくいい、とか、金運だけはいい、という人は、本当の意味で運のいい人にはなれていないと、風水では考えます。**運のよさというのは、トータルで考えるもの。**何かひとつだけの運が突出してよかったとしても、ほかがよくなければ、何かのきっかけで全体が崩れてしまうかもしれません。だからこそ、運全体をバランスよく鍛えていくことが大切なのです。

100を目指すより、今できることをひとつでも実践して

風水は、自分が実践すればした分だけ、必ず運がよくなるものだということをお話ししました。つまり、100のうち10やれば10だけ、50やれば50だけ、運気が上がるのです。もちろん、**100やれば100のリターンが得られるわけですが、あらゆることを100％完璧にやるなんて、風水師の私ですら不可能です。**

ですから、最初から100を目指すのではなく、たとえば、「自分には70できる」と思ったら70、「30しかできないな」と思う人は30をまず実践し、その後70できた人は80、30できた人は40、と少しずつ増やしていくのが◎。

完璧主義者の人は、「やるからには全部やらなければいけない」と考えがちですが、そうすると、「100できない」ことがいけないことのように思えてきて、「100できないからやめておこう」となり、結果として100どころか0になる……ということがよく起こります。それでは開運行動として意味がありません。「100か0か」ではなく、まずは「できることをひとつ」でいいのです。

たとえば床掃除。毎日きちんと水ぶきをするのがベストですが、それが難しい人もいますよね。そういう場合、「毎日なんて無理」とあきらめて全然やらない人は、開運効果も0。でも、3日に1回、あるいは1週間に1回でも水ぶきを続けていれば、その分だけ確実に運は上がります。

風水で大切なのは「できることを実践すること」であって、「100%やること」ではありません。**完璧を目指すのではなく、今できることをひとつでも多く積み上げていくこと**が運気アップの近道です。

風水は「がんばる」ものではありません

「風水、がんばってます」とか、「運気を上げたいから、もっとがんばらなくちゃ」というように、風水を「がんばってやるもの」だと考えている人が多いのですが、まずはその考え方を見直してみませんか？

そもそも「がんばる」という言葉は、勉強や家事、仕事など、「やりたくないけどやらなくちゃ」と感じているものごとに取り組むときに使うものです。たとえばそれが、趣味や楽しみごとだったら、「がんばります」とはあまり言いませんよね。つまり、「がんばる」は、どちらかというとマイナスの気持ちを表す言葉なのです。

もしあなたが「がんばらなくちゃ」と思って開運行動に取り組んだとしたら、そこにマイナスの気持ちが入ってしまいます。そうなると、せっかく運にいい行動をしても、マイナスの気持ちが入った分だけ、効果が目減りしてしまうのです。それは、とてももったいないこと。ですから、**がんばらなくてもいい、いえ、むしろがんばらないほうがいい**のです。

特に大切なのは、風水を始める「最初の一歩」。

まじめな人ほど、自分が苦手なことにあえてチャレンジしようとしがちですが、最初からハードルを上げると気軽に取り組みづらくなります。そうなると文字通り、「気」が「重く」なってしまいます。

いちばんよくないのは、苦手なことからやろうとしてなかなか手がつけられず、結局先延ばしにしてしまうこと。「時間があるときに全部やります」と言う人がいますが、「やろうと思っている」だけなら、何もしていないのと同じです。

まずは**自分が楽しいと思えること、やるのが苦にならないこと**から始めましょう。楽しいと思いながら実践することで気が動き出し、よい気が増えていきます。

「運は使うとなくなる」は間違い。運は使えば使うほど増えていきます

ラッキーな出来事があったときに、「こんなところで運を使っちゃった」とか「今年の運を使い切っちゃったかも」などと言う人がいますよね。皆さんのなかにも、「運というのは有限で、使うとなくなってしまうもの」となんとなく思っている人が多いのではないでしょうか。

じつはこれは間違い。

風水でいう**「運」は、使うとなくなるものではなく、むしろ使えば使うほど増幅する、つまり増えていくもの**なのです。

ただし、運を増やせるかどうかは、その人の考え方次第。何かいいことがあったときに、「ラッキー！　私ってなんて運がいいんだろう。これからもっといいことが起こりそう」と思う人は、運をどんどん増やしていけます。逆に、「これで運を使い切っちゃった。この先もういいことなんて起こらないかも」と思う人は、本当にそこから先、運が増えなくなります。

そしてこれは、お金も同じ。

ある程度まとまったお金を手にすると、人はつい「これには手をつけないでおこう」とか、「減らさないようにしよう」と思いがち。でも、そう考えるとお金はそれ以上増えません。逆に、そのお金を一部でも自分が充実するようなことに使ったり、投資の原資にしたりすると、お金はどんどん増えていくのです。

「今、運が悪いのは、あのとき使い切ってしまったから」などと思っているあなた、決してそんなことはありません。今運が悪いと感じているならなおのこと、**「守る」のをやめて「増やす」ことを考えましょう**。それだけで運の伸びしろがぐんと増えていきますよ。

変化を恐れないで。運は変化によって大きくなります

よく、「私はこのままでいいの」とか、「今のままでいたい」という人がいますが、その考え方は風水的にはＮＧ。

風水では、この世のすべてのものは、「生じて」→「盛んになり」→「死す」というプロセスをくり返すとされています。変化を望まず、今のままの状態がずっと続けばいいと考えるのは、今が「盛ん」な状態であり、あとは「死」に向かうだけだと決めつけるのと同じ。つまり、この先、あなたの運は衰えていくだけだということです。

もちろん、変化にはいい変化もあれば、悪い変化もあります。でも、よいものであれ悪いものであれ、**変化があるからこそ、運は大きくなっていく**のです。ですから、運をよくしたいなら、変化を恐れないこと。むしろ積極的に新しいものを取り入れ、

自分から変化を起こしていくくらいの気持ちでいたいものです。

急に大きな変化は無理でも、たとえば、コンビニで新作スイーツを見つけたら買ってみる、いつもと違う色の服を着てみる、通勤電車で乗り込む場所を変えてみるなど、ちょっとしたことからスタートしてみるのはいかがでしょう。「いつもと同じ」ではなく、**「新しいこと」や「違うこと」をひとつでも取り入れてみる**、それが運に刺激を与え、より大きな運を呼び込むことにつながっていきます。

Column

「風」の気の性質と働き

「風」の気は、出会いをつかさどる気で、五行（P42～45参照）の分類では「木」に属します。木がこすれて燃え、火となったところに生じるのが風。つまり、「木」と「火」が合わさったところにできるものだと考えてください。

「風」の気の特徴は、何物にも縛られない自由さと身軽さ。軽やかにあちこちを飛び回り、新しい出来事やさまざまな出会いをもたらしてくれるほか、噂や評判などを広めてくれる働きもあります。

「風」の気の恩恵を受けるためには、ただ待っているだけではダメ。風は動くことで初めて起こるものなので、風のパワーを受けたいなら、自分から動いて風を起こさなくてはなりません。

また、くよくよ悩んだり立ち止まったりしていると、風はすぐにやんでしまいますから、常に動き続けることが大切です。

第2章

心

自分を整える

運は自分の力で変えることができます

運というものは生まれつき決まっていて、あとから変えることはできないと考える人も多いようですが、それは違います。

もちろん、生まれつきの運というものがないわけではありません。

運には天運と地運の2種類があり、**天運は生まれた時や場所など、天に属する運**。これは人の力で変えることはできません。一方、**地運は生まれてから死ぬまでの間に、人が自分の力で積み上げていくもの**。人の運は、この天運と地運のトータルで決まります。

なかには、もって生まれた天運だけで、何も努力しなくても運のよさを保っていられる人もいますが、それはごくまれなケース。通常は天運だけでは運が稼働しないいため、ほとんどの人は天運に加えて地運を積み上げることで運を保っているのです。

天運は生まれつきの運なので、そこから増やすことはできません。でも、**地運はいくらでも増やせます**。たとえ天運に恵まれていなくても、風水を実践して地運を積み上げていけば、さほど努力をせずに過ごしている人より運のよさで勝ることは十分可能。つまり、「運は自分の力で変えられる」ものなのです。

自分の運の悪さは親や育った環境のせいだという人がいますが、これも間違いです。そもそも、**子どもの運と大人になってからの運は別のもの**。12〜13歳くらいまでの子どもは、親の庇護のもとにあるため、親の運を受けた状態で育ちます。そのため、親の運が悪いと子どももその影響を受けてしまいます。

でも、13歳を過ぎ、精神的にひとり立ちしたあとの運は、その人自身のもの。親のせいにすることはもうできません。もし自分の運が悪いと思うなら、親や育った環境のせいにしてあきらめるのではなく、**今から自分自身の力で運を変えていきましょう**。

運がやってくる人とこない人の違いはどこにある？

同じような行動をしていても、望む運がやってくる人とそうでない人がいます。その違いはどこにあるのでしょうか。

ひとつは**視野の広さ**。たとえばほしい運が恋愛運だとして、「とにかく恋愛運！」「ほかの運はいらない！」と考えている人と「いちばんほしいのは恋愛運だけど、ほかの運もほしいな」と考えている人とでは、**見えているものの範囲が違います**。恋愛運しか見ていない人は視野が狭いので、すぐそばにあるほかの運を見過ごしがち。

一方、「いろいろな運がほしい」と思っている人は、広い範囲が見えているので、恋愛運だけでなく、さまざまな運をとることができます。結果として後者のほうがたくさんの運が手に入るのです。

思い込みが強い人も運には恵まれません。ときどき「私、風水を全部やっているのに、運がこないんです」と言われることがあるのですが、本当に「全部」やっていたら、運がこないはずはありません。開運行動をしても効果が出ないのは、本当に大切なこと、やらなければならないことをやっていないからなのです。

特に**考え方や態度など、日々の行動の根っこにあるベースの部分**は見過ごされがち。そこに手をつけずに、服装やインテリアなど目に見える部分だけを変えて「やったつもり」になっていないか、よく考えてみましょう。

また、運はこちらが必死になって追いかけると、逆に逃げていってしまうもの。「絶対に結婚しなくちゃ」「今年中に彼氏を作らないと！」……そんなふうに自分にプレッシャーをかけるのは、心にも運にも負担でしかありません。「絶対！」「必ず！」ではなく、「運が上がるといいな」というくらいの気持ちで**ゆったりと構えていたほうが、運はやってきやすくなりますよ**。

目標の「その先」をはっきりイメージする

「あなたがほしい運は何ですか？」とたずねると、「結婚したいんです」「〇〇大学に合格したいんです」という答えが返ってくることがあります。

もちろん「結婚」「大学合格」といった具体的な目標をもつことはいいことです。でも、運に好かれたいなら、それだけでは足りません。運というのは今の自分を起点にして、未来の「なりたい自分」に向かって積み上げていくもの。結婚してどんな暮らしをしたいのか、受験に合格して〇〇大学に入学したら、何を学び、どんな学生生活を送りたいのか、そこまで思い描けている人とそうでない人とでは、やってくる運のスケールはまったく違ってきます。特に勉強運や仕事運は「木」の気なので、未来（＝「木」）を思い描けない人のところにはやってきません。

ほしい運について考えることは、自分の生き方について考えることでもあります。

目標や願いはいわば通過点。そこを通って目指す先はどこなのか、そこまでしっかりイメージしておきましょう。**自分の未来への道が見える人、そこまでのストーリーが描ける人のもとに、運は集まってくる**ものです。

「自分が支配している」と思える時間をもちましょう

皆さんのなかには、「『なりたい自分』と言われても具体的なイメージがわかない」「特にやりたいことやかなえたい願いがない」という人もいらっしゃるかもしれません。でも、**あなたの願いは、あなたにしかわかりません**。それを見つけるためには、「自分の時間」をもつことが大切です。

仕事や勉強や家事、子育てなどで忙しく、なかなか自分の時間をもてないという人が多いかもしれませんが、そういう人ほど短時間でいいので「自分が支配している」と思える時間をもちましょう。

たとえば、朝いつもより早く起き、家族が起きてくる前に好きな音楽を聴いたり、お茶をいれてゆっくり飲んだりする、あるいは、家族が寝たあとにコーヒーやワインを飲みながら、お気に入りの映画を見たり、友人とおしゃべりしたりするなど、**誰かのために費やす時間ではなく、100%自分のためだけに使う時間**、そういう時間を1日に1時間でももつことができれば、それ以外のすべての時間も自分のものになり、この先自分がどうしたいのか、どんな生き方を望んでいるのかも自ずと見えてくるはずです。

「特にやりたいことがない」という人は、**自分がこの先どんな感情とともに生きていきたいのか**考えてみるのもおすすめです。平穏で安らかな気持ちで生きていきたいのか、ワクワクドキドキしたいのか、それがわかれば、そのために必要なものも見えてくるはずです。

「言霊《ことだま》」はあなたの運に力を与える最強のパートナー

風水では、人が発する言葉には魂が宿ると考え、それを「言霊」と呼びます。あなたが何かを口に出したり書いたりすると、その**言葉に命が宿り**、それを耳にした人、見た人にも影響を与えます。それだけではありません。その言葉を発した**空間にも「気」として残るのです**。

特に**表意文字である日本語は、文字そのものに魂が宿る**ため、言霊としての力はアルファベットなどの表音文字よりずっと強力。日本語を話し、書くことができるなら、言霊の力を使わない手はありません。言霊はあなたの運をサポートしてくれる、強力なパートナーなのです。

言霊の力を強めたいなら、まずはいろいろな言霊にふれることが大切。ジャンルを問わず、いろいろな本を読むようにすると、自分の中の言霊が豊かになり、さまざまなシチュエーションに応じた言葉が使えるようになります。

また、**「おはようございます」「ありがとう」といったあいさつは、言霊の力を強める習慣**なので、毎日欠かさず続けたいもの。特に感謝の言霊である「ありがとう」は積極的に口に出しましょう。小さいことにも「ありがとう」をきちんと言えるようになると、ほかの言葉にも光が満ちるようになります。

話すときに相手の目をきちんと見ることも重要なポイント。**目を見て話すことで言葉に魂がこもる**からです。

さらに、「何を話すか」だけでなく、「どう話すか」にも気を配りましょう。話し方や声の調子を「音霊《おとだま》」といい、これによって言霊の力を加減することができます。自分の主張を通したいとき、相手と親密になりたいとき、その場の雰囲気を和らげたいときなど、**目的やシチュエーションに合わせて「音霊」を使い分けられる**ようになれば、まさに言霊マスター。次のページで「話し方」について詳しくお話ししていますので、ぜひ参考にしてください。

五行の話し方で
コミュニケーション力を
アップ

風水では、話し方にも五行があると考えます。話すシチュエーションや目的に合わせて話し方を使い分けると、相手に与える印象をコントロールできますし、コミュニケーションもより円滑になりますよ。

女性は「水」と「金」の話し方を普段のベースにすると、好感度大。男性はビジネスシーンなら「木」をベースに、最初の語句を強調する「土」の話し方をプラスして信頼感を高めましょう。プライベートでは「水」の話し方を取り入れると、男性ならではの色気が出てより魅力が増します。

木の話し方

歯切れがよく、上に向かっていく話し方です。音のイメージでいうと、「てやんでえ、べらぼうめ」という、いわゆる江戸っ子の話し方がこれに近いです。

語尾を上げ気味にし、テンポよく話すのがコツ。「これから発展していく人」という印象を与え、「できる人」に見せる効果があるので、ビジネスシーンなどにおすすめです。

火の話し方

大きめに抑揚をつける、舞台俳優のような話し方。自分がその場の主役になりたいとき、注目を集めたいときに使うと効果的です。炎が大きくなったり小さくなったりするように、**ところどころをやや大げさなくらい強調する**と、メリハリがつき、注目を集めやすくなります。

土の話し方

話し始めの語句を力強く発音する話し方。ドイツ語の響きをイメージするとわかりやすいかもしれません。

相手に安心感や信頼感を与え、「この人の言っていることは正しい」と思わせる効果があるので、自分の主張を通したいとき、人に従ってほしいときなどに使いましょう。

金の話し方

「〜ですよね。でもそれは○○だと思うんですよ。だから……」というように、**くるくると円を描き続けるように**話します。

昔話の「桃太郎」で、桃が「どんぶらこ、どんぶらこ」と流れてくる場面がありますが、この「どんぶらこ」がまさに「金」のリズム。目上の人に愛され、かわいがられる話し方です。文章をぶつ切りにせず、次へ、またその次へと続けていくのがコツ。

水の話し方

「金」の話し方とやや響きが似ていますが、「円を描く」のではなく、「水が流れる」ようなイメージ。優しい印象を与えるので、好きな男性の前などで話すときに使うと好感度がアップします。

リズムや速さは普段通りにし、文章の最後の一音を少し伸ばして余韻を残すのがコツです。語尾の調子は同じ高さか、やや上げ気味に。語尾を下げると「水」の悪い部分が強調されてしまうので気をつけて。

「なってほしい」ことはどんどん口に出しましょう

言霊《ことだま》には、物事を決定づけ、実現に向けて環境を整えてくれる力があります。ですから、**いいことや楽しいこと、希望につながるようなこと**は積極的に口に出す必要があります。特に「こうなってほしい」「こうなるといいな」と思っていることは、折にふれて言葉にして。「私って運がいい」「今日のメイクはすごくかわいくできた！」というように、自分をほめたり持ち上げたりするのも効果的です。言葉にすることで「運がいい自分」「かわいい自分」が決定づけられ、現実の自分もどんどんそうなっていきます。逆に**避けたほうがいいのは、自分自身を否定したり、おとしめたりするような言葉**。たとえば、「私ってバカだから」「どうせ何をやってもうまくいかないし」「やっても無駄」「いいことなんて全然ない」……本心ではなかったとしても、その言葉を発した瞬間、それが「事実」になってしまいます。

また、本心では結婚したいと思っているのに、「私は結婚なんてどうでもいいんだけど、親がしてほしいって言うから」と言ったり、金運がほしいのに「お金よりもっと大切なものがある」と言ったりする人がいますが、これも逆効果。**言霊の力はあなたが思っているよりずっと強力です**ので、自分が望んでいないことを口にすると、ほしい運がどんどん遠ざかってしまいます。

言霊は、それを発する人の心と密接に結びついているので、たとえポジティブな内容であっても、それが**心からの言葉でなければ意味をもちません**。

たとえば、疲れているときや落ち込んでいるときに、「仕事って楽しい！」「充実してる」と口に出しても、それは心からの言葉ではないですよね。**無理をしてポジティブなことを言っても、運に負担をかけるだけ**。「仕事が忙しくて疲れた」「上司にきついことを言われて辛かった」……そんなときは無理にポジティブなことを言おうとせず、「疲れた」「辛い」と口に出してもいいのです。

ただし、言っていいのは事実だけ。「あの上司、死ねばいいのに」などと、**ほかの人の不幸を願ったり、誰かを呪ったりするような言霊は絶対に口にしない**でください。

「いいこと」は気づける人のもとにやってくる

よく「自分にはいいことなんてちっともない」と言う人がいますが、そういう人にはいいことは起こりません。なぜなら、「いいことがない」と口に出した時点で、「いいことが起こらない自分」を決定づけてしまっているからです。

そもそも現実問題として、**「いいことが全然ない」なんていう人はまずいません。**たまたま入ったレストランのごはんがとてもおいしかった、買い物に行ったらほしかった商品が安くなっていた、出かけようと思ったらちょうど雨が上がって晴れてきた、というように、いいことは誰にでもあるものです。

ただ、そういう出来事があったときに、「これは『いいこと』ですよ」と誰かが教えてくれるわけではありません。つまり、「いいことがない」というのは、その人が自分に起こった「いいこと」に**気づいていないか、気づいていても「どうでもいいこと」だと思って見過ごしているか**のどちらかです。

いいことがよく起こる人、つまりラッキーな人というのは、何かが起こったときにそれを「ラッキーなこと」と受け止められる人であり、身の周りにある小さな幸せを見つけられる人のこと。

たとえば、パワースポットに出かけたときに雨が降ってきたとします。そのときに「せっかく来たのに雨に降られちゃった、運が悪いな」と思う人もいれば、「いいことが起こる前兆かもしれない。ラッキー！」と受け止める人もいます。どちらにいい運がやってくるかというと、断然後者ですよね。**何かがあったときに「いいこと」としてとらえる習慣**がついていると、いい気を呼びやすい体質になり、必然的に「いいこと」が起こりやすくなるのです。

さらに、運は自分で積み上げていくものなので、いいことがあったらそれを**何度も思い返したり、日記につけたりして、自分の中に蓄積していく**とより効果的。そうすることで、さらに「いいこと」が生み出されていきます。

朝のニュースやワイドショーを見るのは注意して

朝、家事をするときや通勤の前に、ニュースやワイドショーを流しっぱなしにしていませんか？　こういった番組は、事件や事故、病気、芸能人のスキャンダルなど、見ていて腹立たしくなったり不安になったりするような内容が多いものです。**朝は成長や発展の運気をもつ「木」の時間帯**なので、その時間にマイナスの言霊を受けるのは、できれば避けて。とりわけ、成長段階にある子どもは言霊の影響を受けやすいので、悪いニュース、ネガティブな言霊はなるべく聞かせないようにしましょう。

もちろん、今、世界で起こっている**最新の出来事を知ることは、「時」の運を強くするために必要**なこと。ですから、ニュースやワイドショーを見るなら、朝ではなく午後、もしくは夜にしましょう。朝でないと見られない、という人は、大きなニュースだけをざっとチェックする程度にとどめ、悲惨な事件などの詳細が報じられるようになったらチャンネルを変えるか、いったんテレビを消して音楽を流すなどしましょう。

ドラマや映画はフィクションなので、**たとえ悲惨なことが起こったとしても「物語」としてとらえれば問題ありません。**ただし、ドキュメンタリーはノンフィクションなので、ネガティブな内容のものは吟味して本当に見たいものだけを見るようにしたほうがいいでしょう。

また、ネットでニュースをチェックしているという人も多いと思いますが、ネット記事はしばしば炎上するもの。興味本位でうっかり炎上した記事を見に行ったりしないように気をつけましょう。「ただ見るだけ」と思うかもしれませんが、**悪意のある書き込みのある場をのぞくだけで運気は下がります。**運気を上げたいなら、できるだけ炎上記事には近づかないようにしましょう。

「悪い言霊《ことだま》を言わない、聞かない」を1カ月間、徹底する

私たちの環境に入ってくる言霊は、いいものだけとは限りません。前のページでお話ししたワイドショーやニュース番組もそうですし、愚痴や他人の悪口、悪意のある噂話などをうっかり聞いてしまうこともあれば、自分で口にしてしまうこともあるでしょう。そういったことをくり返していると、**悪い言霊が自分の周りにこびりつき、目に見えないシールドのようなものができてしまいます**。そうなると、せっかく開運行動をしても効果が出にくくなりますし、よいことも起こらなくなります。

今、開運行動をしても効果が出ない、いいことがちっとも起こらないと感じている皆さんは、恐らくこの状態に陥っています。運気を上げるためには、まず言霊のシールドをはずさなくてはなりません。方法はひとつだけ。**1カ月間、悪い言葉を一切言**

わない、見ない、聞かないようにするのです。

これは案外難易度が高く、私が主宰しているスクールの生徒さんでも1カ月間やり通せる人は8割程度。自分が「言わない」というルールは守れても、知り合いがほかの人の悪口を言うのを聞いてしまったり、SNSで炎上しているコメント欄をついのぞいてしまったり……と、ほかの人が発した悪い言霊にうっかりふれてしまうことが多いよう。その場合はいったんリセットしてやり直すようすすめています。

早い人では1週間ほどで効果が表れることもありますが、**多くの場合、効果が表れるのは1〜3カ月後**。言霊のシールドがはずれると、自分の行動がそのまま運として返ってくるので、**どんな人でも運気が変わり、上昇していくのを実感できるはずです。**ほしかった運が手に入る、ラッキーな出会いがあるなど、ぜひその変化を体感してください。「こういうことだったのか」と気づくことで、さらに運が伸びていきます。

なお、いったんシールドがはずれれば、一度や二度うっかり悪い言霊にふれたくらいで運気が極端に落ちることはありませんが、この先もマイナスの言霊はなるべく言わない、聞かないように心がけてください。

「未来日記」を書くと願いが現実になる

今かなえたい願いがある人はもちろんのこと、そうでない人も、**書くことで運が向いてくるツール**、それが未来日記です。

物事は「起こったらいいいな」と思っているだけでは夢や想像に過ぎませんが、言葉にして書き出すことで、決定事項になります。もちろん、一度書いたらすぐにその出来事が実現するというわけではありませんが、「絶対にかなえる」という強い気をこめて何度もくり返し書いたりすると、書いた内容があなたの中に運として積み上がっていき、その運が表に出るのです。

最近は、スマホのアプリなどで日記をつける人も増えていますが、未来日記はデジタルツールで「打つ」のではなく、**自分の手で「書く」**ことが大事。市販の日記帳でもいいですし、手帳、ノートなど、好みのものを使ってかまいません。よく、年始めから日記をつけ始める人がいますが、それと同じような感覚で始めてみましょう。自分の誕生日に書き始めるのもおすすめですよ。

書く内容は何でもいいのですが、あまりにも現実とかけ離れた内容は実現しにくいので避けて。「望む仕事に就けた」「理想の人に出会えた」など人生に関わるものから、「誕生日にほしかったアクセサリーを買ってもらった」など日常で起こるハッピーな出来事まで、**自分の今の環境に起こってもおかしくないこと、起こったらいいなと思うようなこと**をすべて書いていくのがポイントです。

旅行に行きたいなら、「このあたりで行きたいな」と思うところに先に予定を書き込んで。日にちを特定するのが面倒なら、ひと月単位でざっくり書いても大丈夫です。

ただ、書いている途中で息を吐くと言霊《ことだま》が逃げてしまうので、**書くときは息を止めて一気に書き上げる**よう心がけましょう。

嫉妬やねたみは手放しましょう

久しぶりに会った友人が自分よりキラキラ輝いた生活をしているように見えて落ち込んだり、ＳＮＳで見かける知り合いの投稿が楽しそうでねたましくなったり……そんな経験はありませんか？　**誰かをうらやましいと思い、自分もそうなりたい、そうだったらいいな、と思うのは自然なこと**。でも、それがひがみやねたみといったマイナスの感情に変わってしまったら要注意です。

人はもともと「陽」より「陰」に惹かれがち。ですから、ひがみ、ねたみ、嫉妬などのマイナスの感情をもつと、それがどんどん過剰になり、持っている運を破壊してしまうのです。

もし今、あなたの中に嫉妬やねたみの感情があるなら、今すぐ手放して。嫉妬は悪い「水」、ねたみは悪い「火」。**これらを心の中に抱えている限り、運気が向上することはありえません。**

そもそも、幸せは人と比べるものではありません。**あなたの幸せはあなただけのものであり、人がどうあろうと本来は関係ない**はずです。それなのに、人の幸せそうな様子がねたましくなるのは、あなた自身に「欠けている」ものがあるから。まずはそのことを自覚しましょう。

そのうえで、どうすればその「欠け」を埋められるのか考えてみて。自分の「欠け」が埋まれば、人の幸せをねたんだり嫉妬したりする気持ちは消えていきます。

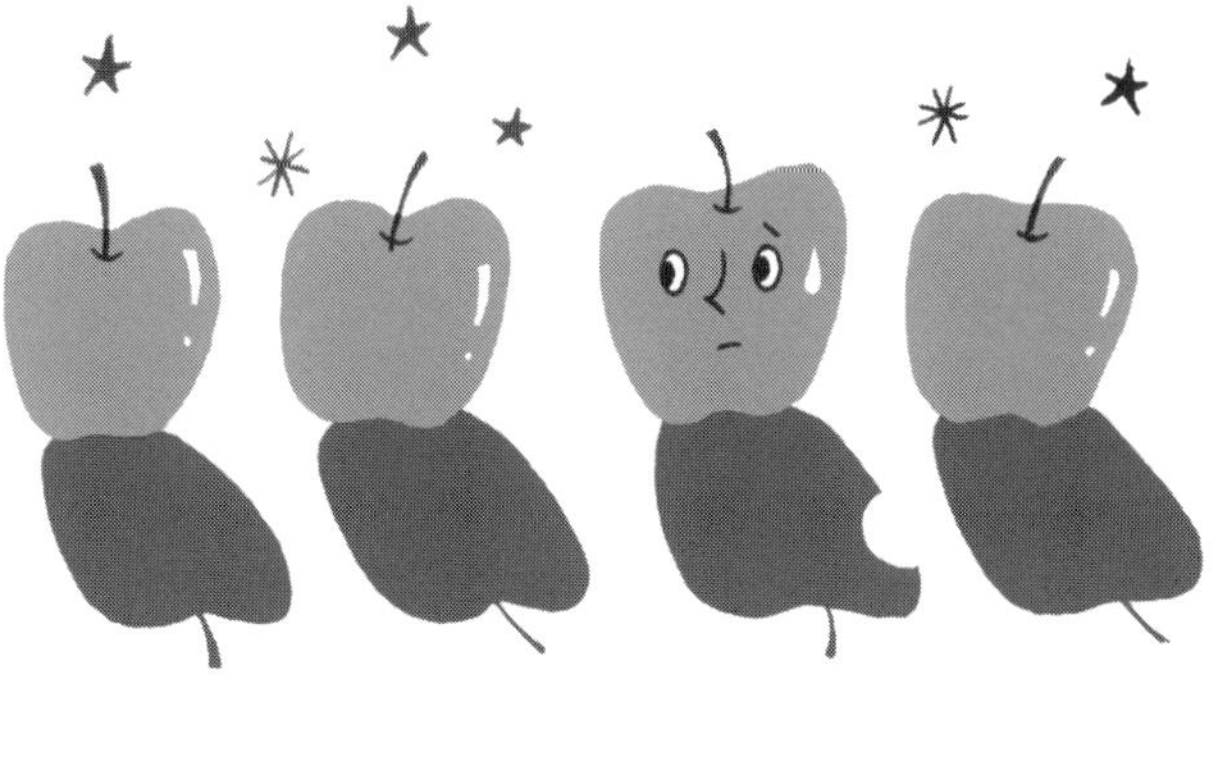

心も体も柔軟に。かたくなさは運を遠ざけます

運のいい人になるためには、柔らかい土壌をもつことが大切です。風水では、**よい土の気は柔軟性があり、さまざまな運気を吸収し、どんどん増殖していく**ものと考えます。

ガーデニングなどで植物を育てたことのある方はよくわかると思いますが、植物が育ちやすい土というのは、ふかふかしていて柔らかく、水をやるとすぐに浸透していきます。でも古くなってかたくなった土は水をやってもなかなか浸透しませんし、植物を植えても育ちません。運の土壌もそれと同じ。かたく凝り固まった土壌では、運を吸収したり育てたりすることはできないのです。

運の土壌がかたい人とは、ひと言で言うとかたくなな人。何かを勧めても「私には

絶対無理！」とはねつけたり、「私は今のままでいいの」と変化を嫌がったり……そういう人の土壌には運気が入ってきませんので、新しいこともよいことも訪れませんし、運の領土も狭いままです。

「私のやり方はこうだから」「みんなそうしてるよ」「それが常識でしょう」というように、頭から決めつけるような物言いをする人も要注意。そういう言葉を口に出すたびに、土壌がかたくなっていきます。

運気を向上させるためには、こういったかたくなな考えは捨てることが何よりも大切。「私はこうしていたけど、こういうやり方もあるよね」「違う考え方の人もいるよね」……そんなふうに**柔軟に考えられるようになれば、土壌も柔らかくなり、さまざまな運が入ってきやすくなります。**

また、体がかたいと心もかたくなりがちなので、「私って頑固だな」と思ったら、ヨガやストレッチなどで体をほぐすのもおすすめ。体が柔らかくなれば、心も自然とほぐれやすくなります。

「第三の目」を鍛えましょう

風水では、2つの目のほかに、ひたいにもうひとつ目があると考えます。これを「第三の目」といいます。

第三の目は、物事の本質や人の本心、土地や人が発するオーラなど、**「見えないもの」を見るための目**です。見えないものを見る力は、どんな人にも生まれながらに備わっている力であり、いわゆる超能力ではありません。ただ、ほとんどの人は、第三の目が閉じた状態で過ごしているので、気づかないだけです。

また、第三の目は通常、生まれたときには開いていますが、成長するにつれて自然と閉じていってしまいます。ですから、この目がもつ力を使おうと思ったら、日ごろから**「目を開ける」訓練**をしておかなくてはなりません。

まずは、2つの目の間、ちょうど眉間《みけん》のあたりにもうひとつ目があるということを常に意識して過ごすようにしましょう。「ここに目がある」と意識することが第三の目を開くための第一歩。

自分の第三の目がどんな目なのかをイメージすることも大切です。クレオパトラのような目、憧れのモデルのような目など、自分が理想とする目をできるだけ具体的に思い描いてみてください。**アイライナーなどで実際に描いてみる**のもおすすめです。眉間の皮膚をマッサージで柔らかくするのも効果的。ひたいに縦じわがあると目が開きにくくなるので、しわのケアも忘れずに行いましょう。

そのうえで、第三の目を自在に開けたり閉じたりするイメージトレーニングを行ってください。神経を眉間に集中させ、見えないものを見ようとすることで、少しずつ目が開くようになっていくはずです。そうなれば、**直観力やひらめきの力が高まり、自分の望みや進むべき道も見えやすくなります**。ただし第三の目は、あまり長いこと開けっ放しにしていると脳が疲れてしまうので、必要のないときは閉じておくようにしてください。

イメージ法と呼吸法で心と運のメンテナンスを

ここ数年、新型コロナウイルスの流行や地震、豪雨などの災害、世界的な不況など、心が落ち着かない状態が続いています。夜になると不安で眠れない……そんな人もいらっしゃるかもしれません。

でも、世の中が不安定なときこそ、強くゆるぎない心で過ごしたいもの。しっかり運を鍛え、強い心を保っていれば、何があっても乗り切っていけます。

ここでご紹介するのは、自分の心を強く保つための風水テクニック。ひとつは、自分の周りに光の結界を張るイメージ法です。1日1回朝起きたときや、出かける前などに行う習慣をつけると、**不安やストレスから自分を守ることができ、また傷ついたり消耗したりした気を再生する**こともできます。

もうひとつは呼吸法。体中の気を丹田《たんでん》（おへその下）に集め、悪いものだけを出す効果があります。こちらも定期的に行うと、**丹田に悪いものがたまらなくなり、よい運気を吸収しやすくなります**。呼吸法を行ってからイメージ法を行うなど、この2つをセットにしてルーティン化するのもおすすめですよ。

Column

自分に結界を張るイメージ法

1 自分が蚕になり、糸を紡ぎ出している状態を思い描きます。

2 紡ぎ出した糸で、自分の周りに膜を張っていきます。膜は明るくきらきらと光っていて、その膜に自分が覆われていく状態をイメージしましょう。

3 膜ができあがったら、その膜を内側から押して広げ、自分と膜との間に空間を作ります。この膜が結界となり、あなたを悪いものから守ってくれます。また、膜を広げることで、運の地盤も広がっていきます。

悪いものを出す呼吸法

1 背筋を伸ばして立ち、足の裏から大地の気が入り、背中に向かって上昇していく状態をイメージしながら、大きく息を吸います。

2 そのまま息を切らさずに気を頭頂まで持ち上げるようにイメージ。息を止め、3つ数えます。

3 たまった気を頭頂から丹田(おへその下)までストンと落とし、息を止めたまま3つ数えます。

4 丹田にある悪いものだけを外に出すようなイメージで、大きく息を吐きます。

運がよくなる10の習慣

毎日無意識にやっていることや、ちょっとした習慣が、
あなたの運を大きく左右しているって知っていましたか？
ここでご紹介する習慣は、どれもごく簡単なものばかりですが、
やっている人は案外少ないのではないでしょうか。
「これならできそう」ということがあれば、ぜひ毎日のルーティンに加えてみてください。

＼ START! ／

1

口角を上げる

2

好きな香りを持ち歩く

3

鏡に向かって
笑いかける

4

1日1回自分をほめる

心
Mind

5

鏡を磨く

6

靴の裏をふく

7

花を飾る

8

家を出るとき、決まった足から
踏み出すようにする

（自分の向かう道が
はっきりしているなら右足、
今の状態を変えたいなら左足）

9

丹田の場所を
意識する

＼COMPLETE!／

10

寝る前にその日にあった
いいことを思い出す

Column

風水的ダイエットのコツ

モデルなど、体型を維持することが必要な職業の人を除けば、ダイエットは「しなければならない」ものではありません。ただし、体が重くなると病気にかかるリスクが高くなりますし、行動力も落ち、結果的に運気も落ちやすくなります。ですから、自分の体の重さ、腰の重さが気になる人、あるいは太っていることがコンプレックスになっている人は、ダイエットを考えたほうがいいでしょう。

ダイエットをするうえでいちばん大切なのは、「見る」こと。「見る」という行為は「火」に属します。たとえば二の腕のたるみやお腹の脂肪など、気になる部分をしっかり見る、毎日体重計に乗り、数値をきちんと見る、そういったことを意識しましょう。「見る」ことで「火」が燃えて代謝が上がり、やせやすくなります。逆に「隠す」のは「水」の気なのでNG。普段の着こなしでも、気になる部分を「隠す」のではなく、積極的に見せたほうが早くやせられますよ。

第3章

住

まずは運のベースづくりから

家は自分の運をためておく場所

風水において、**自分が住んでいる「家」は最も大切な場所**です。

家は、いわばあなたの「運の貯蔵庫」。人は何か行動を起こすたびに、それを運に変換しながら生活しています。旅行やパワースポットで手に入れた運はもちろんのこと、おいしいものを食べる、人に会うなど、あなたが何かをするたびに、そこから運が生じているのです。しかし、それらの運を自分の心や体にためておくことはできません。**外で取ってきたさまざまな運をためておける唯一の場所**であり、**すべての運のベースになる場所**、それが「家」なのです。ただ、家にたまるのはいい運だけではありません。家がいつも散らかっていたり汚れていたりすると、外から取ってきた悪い気がどんどんたまっていきます。いくらいい運を持ち帰ってきても、運をためておくスペースが悪い運でいっぱいになっていたら、その運は無駄になってしまうのです。だからこそ、家はいつもきちんと片付け、清浄にしておかなくてはなりません。

「家なんて、ただ寝るだけの場所だからどうでもいい」と思っている人もいるかもしれませんが、それはとんでもない思い違いです。家はあなたの運の土台。土台がしっかりしていないところに家を建てることはできません。どんなにおしゃれをして出かけようと、パワースポットや吉方位旅行に出かけようと、住環境が整っていない人は、本当の意味で「運のいい人」にはなれないのです。一時的にいい運を手に入れることはできるかもしれませんが、それはそのときだけのこと。いわば、穴の空いた財布にお金を入れ続けているようなものです。

もしあなたが、「風水を実践しているのに、効果が出ない」「ほしい運がやってこない」と感じているなら、自分の住環境を見直してみてください。不用品をためこんでいませんか？　季節はずれの雑貨を飾りっぱなしにしていませんか？

まずはあなた自身が家を好きになりましょう。「気に入る」ということは、文字通り家に「気」が「入る」ということ。あなたが家を気に入り、手をかけて心地よく整えれば、家もあなたに運を返してくれますよ。

住
Housing

インテリアは「プラス」より「マイナス」を

運のいい空間をつくろうとするとき、多くの人がまず考えるのは、「運をよくするためのアイテムを置く」ことです。

これは、日本で最初に広まった風水が、「西に黄色いものを置く」「パワーストーンで運気を上げる」というように、空間に何かを「プラスする」ことで運気を上げていくスタイルだったことが影響しているのかもしれません。

でも本来、インテリア風水は、自分にとって必要のないもの、ストレスになるもの、**運を妨げているものを取り除くことから始めるもの**。つまり、「プラス」ではなく「マイナス」からスタートするのが正しいやり方なのです。

もちろん、プラスすることが悪いわけではありません。ただ、手をつける順番としてはマイナスが先。余計なものがたくさんある空間は、いわばゴミ置き場のようなものです。そこに運がよくなるようなアイテムを置いても、その効果はゴミの発する悪い気によって打ち消されてしまいます。

こうお話しすると、「捨てるものなんてない」「全部使っているものだし」とおっしゃる方もいらっしゃるかもしれませんが、今、あなたがいる部屋を見回してみてくださ い。全然使っていないけれど、捨てるのがもったいないからと置いてあるものはありませんか？　おみやげにもらった民芸品や景品のマスコットなどを、何となくテレビの横や玄関の靴箱の上に飾りっぱなしにしていませんか？　ずっと同じ場所に同じものが置いてあると、人の目はそれに慣れ、いつの間にか気にならなくなってしまいます。だからこそ、ときどき**空間を見直して、「その雑貨はそこに飾っておくべき？」「これは本当に必要？」と問い直す必要がある**のです。

いらないもの、自分にとって有益でないものを手放すことは、自分の中にある悪い気を手放すこと。いらないものを捨てるとスッキリするのは、そのためです。「何を置けば運がよくなるの？」ではなく、**「何を減らしたら運がよくなるの？」と考える**、まずはそこから始めましょう。

自分の家の性質を知りましょう

人がひとりひとり異なった性質をもっているように、家も**一軒ごとに違う性質をもっています**。その性質を表すのが、「座山」と呼ばれる家の方位です。

各方位には、北なら「水」、西なら「金」というように、それぞれ異なる運気があります（108〜111ページ参照）。運のいい家を作るいちばんのポイントは、**その運気に沿った色使いやテイストでインテリアを整え、方位がもっているパワーを引き出すこと**。家が伸びやかにパワーを発揮できれば、そこに住んでいる人も多くの気を受けられるようになります。

なお、各座山の間に優劣はなく、したがって「座山が○○だから運がいい／悪い」ということもありません。また、西方位は「金」の方位だから金運がよくなる、などと思われがちですが、必ずしもそうとは言い切れません。確かに西座山の家は、方位のもつパワーを存分に発揮させることができれば金運に恵まれやすくなりますが、それができなかった場合、逆にお金が出ていきやすい家になってしまいます。これは、西に限らず、どの方位でもいえること。座山の性質は、扱い方次第で長所にも短所にもなります。だからこそ、住む人が**座山のもつ性質を知り、それを生かすような工夫**をしていかなくてはならないのです。

また、座山に合わせたほうがいいのは、インテリアのテイストやメインカラー、家具の素材や形など、ベースの部分だけ。あとはあなた自身の好みに合わせてアレンジしてかまいません。家のもつ性質と自分の好みをすり合わせながら、**「この家にいるのが心地いい」と思えるような空間**を作っていきましょう。

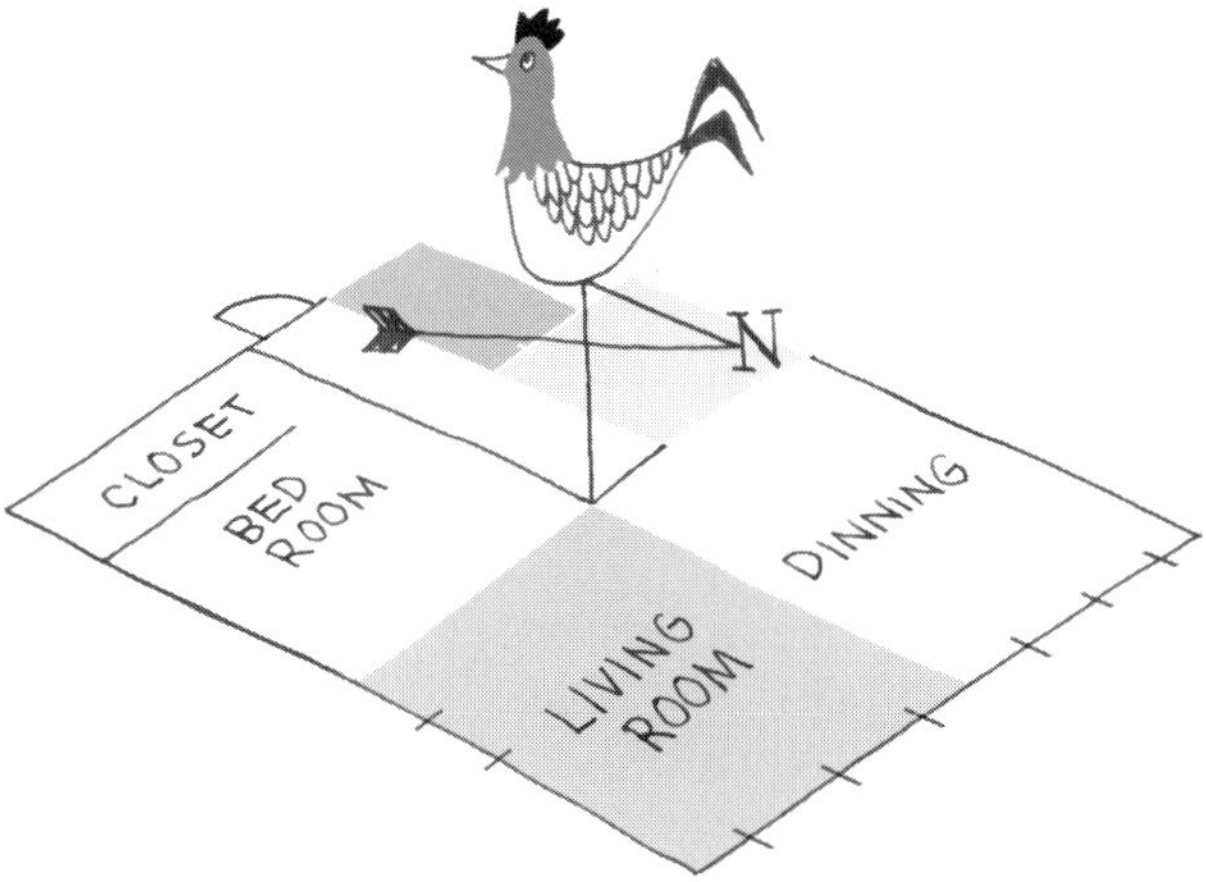

座山について

座山の割り出し方

1 間取り図から家の中心点を出す

家の間取り図を用意し、家の四隅を対角線で結びます。２本の対角線が交差した点が家の中心です。ただし、ベランダや庭は「家」には含まれません。また、家の形が真四角でない場合、全体に対して出っ張っている部分が3分の1以上なら「欠け」、3分の1未満なら「張り」と見なします（下図参照）。「欠け」がある場合は欠けている部分を補充してから、「張り」の場合は張っている部分を切り取ってから中心を出しましょう。

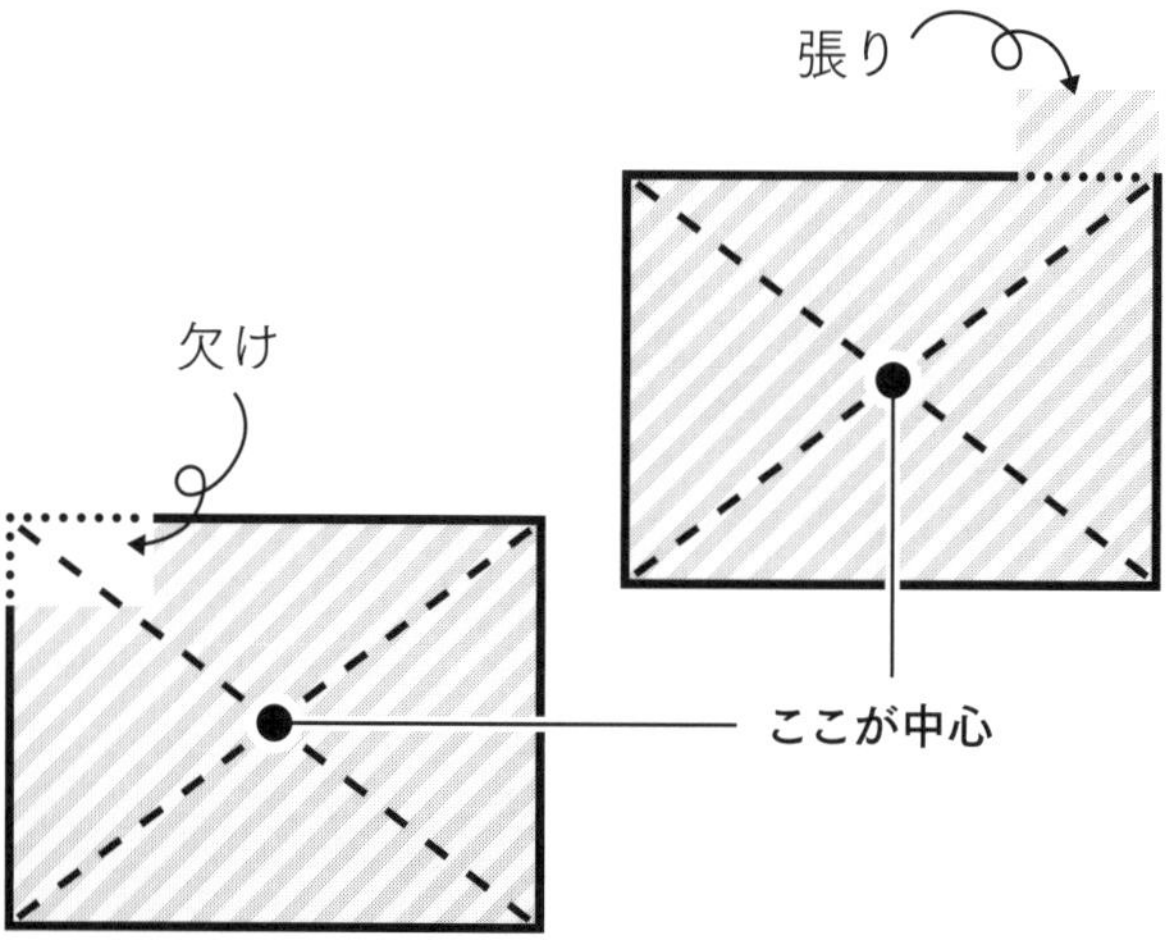

2 方位を割り出し、間取り図に書き入れる

水平にした手のひらに方位磁石をのせ、家の中心に立ちます。このとき、電化製品が稼働していると電磁波の影響で磁石が狂いやすいので気をつけて。事前に電化製品のスイッチを切り、窓を開けて換気しておくと正確に測れます。まず、真北を確認し、そこを基点にほかの方位を割り出して間取り図に書き入れます。ちなみに風水では、地図上の真北ではなく、「磁北」（250〜251ページ参照）が基準になりますから、方位の線を引くときに間違えないようにしてください。

3 座山を割り出す

方位を割り出したら、玄関ドアのついている壁をひとつの「面」と考え、その面と向かい合っている壁に注目してください。この壁の中心点が位置する方位、それがあなたの家の座山になります。

座山を割り出すときに気をつけてほしいこと

座山を割り出すときによくある間違いは、「玄関ドアの対角にある方位＝座山」だと思ってしまうこと。

確かに、次ページ図2のように玄関のドアと反対側の壁の中心点が、家の中心を挟んでまっすぐ向き合っている場合はその通りなのですが、図1のように、玄関ドアが壁の端についている場合は違います。この図では、ドアの反対側にある壁は、家の中心から見て東南から南西まで含んでいますが、中心点は南に位置していますから、座山は南です。さらに、この図では玄関ドアは北西についていますが、仮にドアが北東についていたとしても、座山はやはり南です。

玄関ドアの方位にとらわれて、座山を勘違いしないようにくれぐれも気をつけてください。

こんな場合の座山は？

図1

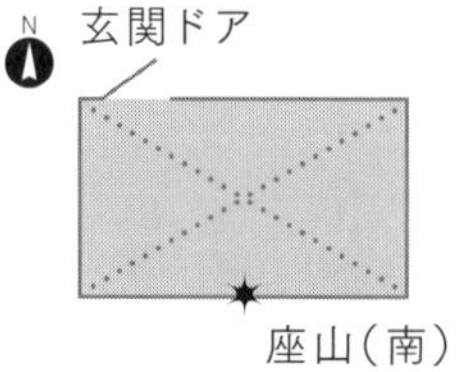

玄関ドアが北西に ついている場合

玄関ドアの対角にあたる方位は東南ですが、向かい側の壁の中心点は南。したがって座山は東南ではなく、南です。

図2

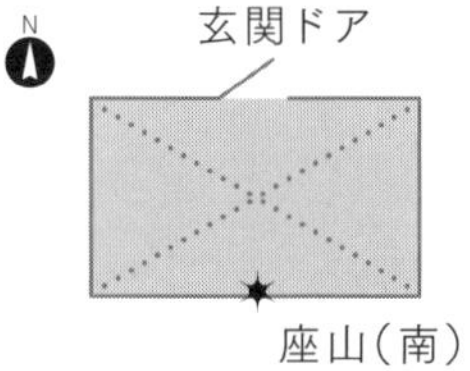

玄関ドアが 壁の中心にある場合

対峙する方位がそのまま座山になります。この場合は、南が座山。

図3

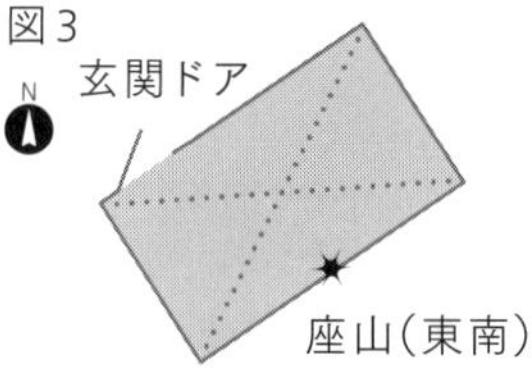

家が真北に対して 傾いている場合

家がどの方角に向いていても、割り出し方は同じです。この場合は、東南が座山。仮に玄関ドアが壁の反対側の端（北）についていても、座山は同じです。

図4

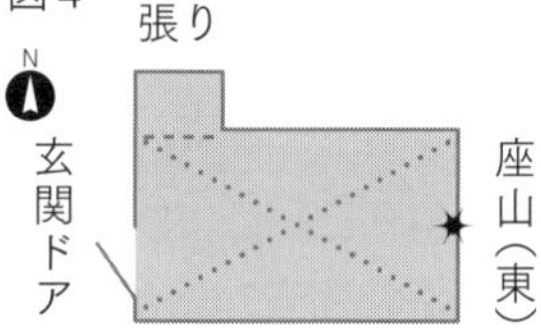

家が 真四角でない場合

この家は「張り」があるため、「張り」の部分を切り取ってから家の中心を出します。玄関ドアの向かい側の壁は、北東から東南まで含んでいますが、中心点は東ですから、座山は東となります。

24方位から見る座山の性質

風水初心者の方向けのインテリア風水では、方位を北、北東、東、東南、南、南西、西、北西の8つに分けていますが、厳密に言うと同じ「北」でも、北東寄りの北と北西寄りの北では性質が異なります。

そのため、本書では、8方位のそれぞれを3つに分けた24方位を使って座山の性質をご説明します。

座山を割り出すときにうっかり隣の座山と間違えると、せっかくインテリアを整えても効果がないばかりか、かえって逆効果になることもあるので、きちんと正確に測ってくださいね。

北

「水」の方位。湿気やカビなどの悪い「水」の気があると運気が落ちるので、水まわりはこまめに掃除をしていつも清潔に。

ラッキーアイテム
曲線状のアイテム、フロストガラス、レース

カラー
女性だけの空間ならピンク系。
男性と共有の空間はグリーン系かクリーム系をメインに。

壬山《みずのえざん》

北 337.6度〜352.5度

「財」を増やす性質があります。水まわりをとことん清浄にすることが運気アップのカギ。浄水器を導入するのもおすすめです。

子山《ねざん》

北 352.6度〜7.5度

喜びごとを増やしてくれます。家の中の暗い場所をきちんと掃除し、上手に活用して。暗い場所に天然石を置くのも効果的。

癸山《みずのとざん》

北 7.6度〜22.5度

喜びごとや豊かさを増やし、容姿を美しくしてくれます。バスルームと洗面所の鏡をきれいにし、バラなど華やかな花を飾って。

北東

「土」の方位。「高い山」という象意をもつため、「高低差」が運気アップのカギ。空間を清浄に保ち、収納スペースを整えて。

ラッキーアイテム
階段状の飾り棚、スクエア型のもの、白い陶器

カラー
白をベースに、赤、ブラウン、オレンジなどのサブカラーを8対2の割合で組み合わせて。

丑山《うしざん》

北東 22.6度〜37.5度

「ため込む」運気の強い方位。貯蓄について考えると運気アップ。モノをため込むと逆に運気が落ちるので、積極的に断捨離を。

艮山《ごんざん》

北東 37.6度〜52.5度

「変化」と「再生」の運気をもつ方位。空間を清浄にすると変化が起こりやすいので空気清浄機を設置し、玄関は毎日水ぶきして。

寅山《とらざん》

北東 52.6度〜67.5度

激しい変化を意味する方位。キッチン、特にガス台まわりをピカピカにし、インテリアに白いタイルや陶製の花器を取り入れて。

東

「木」の方位。金運アップのカギは「数」。流行に敏感になることも大切。オーディオなど音のするものにこだわるのもラッキー。

ラッキーアイテム
オルゴール、時計、ウィンドチャイム、星モチーフ

カラー
ペールブルーやライトグリーンをメインに、赤をアクセントカラーとして取り入れて。

甲山《きのえざん》	卯山《うざん》	乙山《きのとざん》
東 67.6度〜82.5度	東 82.6度〜97.5度	東 97.6度〜112.5度
水まわり、特にトイレはこまめに掃除をして清潔な状態を保って。家の中に使わないスペースがあるとお金が流れやすくなるので注意。	成功と繁栄をもたらしてくれる方位。グリーンや花など生気のあるものを置いて。本や雑誌など古い紙類をため込むと運気ダウン。	特別な技芸や技術が財をもたらすので、モダンなデザインの伝統工芸品をインテリアに取り入れて。雑貨をディスプレイするのも◎。

東南

「木」の方位。風通しをよくすることで運気が上がります。空間によい香りを漂わせることも大切。悪臭は徹底的にブロックして。

ラッキーアイテム
アロマグッズ、お香、香水瓶、リボン、花モチーフ

カラー
オレンジとミントグリーンの組み合わせがベスト。

辰山《たつざん》	巽山《そんざん》	巳山《みざん》
東南 112.6度〜127.5度	東南 127.6度〜142.5度	東南 142.6度〜157.5度
運気をため込みやすいので、空間の風通しをよくして気の循環を促して。インテリアに遊び心を取り入れると楽しい運気がたまります。	学力や文章力、想像力を与えてくれます。火毒の影響を受けやすいので、パソコンや電子レンジなど電化製品まわりのほこりに注意して。	豊かさをもたらす「食禄」の方位。食材の管理を徹底して賞味期限切れの食材は早めに処分を。新しいメニューにチャレンジするのも◎。

南

「火」の方位。悪い「火」の気をもつプラスチック製品はできるだけ排除し、木製のものや陶器を積極的に取り入れましょう。

ラッキーアイテム
クリスタル雑貨、タイルを使ったインテリア、キャンドル

カラー
ライムグリーンをメインカラーに、白、ベージュなどを組み合わせて。

丙山《ひのえざん》
南 157.6度〜172.5度

ステータスやグレードを高めてくれる方位。インテリアもグレード感を意識して。器や雑貨もこだわりをもって選びましょう。

午山《うまざん》
南 172.6度〜187.5度

照明に気を配り、空間を明るくして。暗い場所にはサブライトをつける、夜はフットライトをつけるなど、真っ暗にしない工夫を。

丁山《ひのとざん》
南 187.6度〜202.5度

健康、長寿、安心を与えてくれる方位。目につきやすいところに季節の花をたっぷりと生け、おしゃれな雑貨を飾って。

南西

「土」の方位。背の低い家具を選び、床掃除は丹念に。和風やカントリー調など郷土色のあるインテリアもラッキー。

ラッキーアイテム
陶器、カゴ、郷土色のあるアイテム、収納グッズ

カラー
ペールイエローをメインに、ペールグリーン、コーラルピンク、ベージュなどを組み合わせて。

未山《ひつじざん》
南西 202.6度〜217.5度

「ため込む」運気の強い方位。クッションを置く、花を飾るなど、「+α」のアイテムを取り入れるとお金が増えやすくなります。

坤山《こんざん》
南西 217.6度〜232.5度

ベースを強固にしてくれる方位。床が冷えると金運が落ちるので、ラグやホットカーペットなどで床を暖かく保ちましょう。

申山《さるざん》
南西 232.6度〜247.5度

人に喜びごとを与えてよい方向に導いてくれる方位。「水」を清浄に保ちたいので、お風呂の残り湯、花瓶の水などは早めに捨てて。

西

「金」の方位。お金の悪口や貧乏自慢は厳禁。花や遊び心のあるキッチングッズなど、「あったらいいな」と思うものを充実させて。

ラッキーアイテム
丸、楕円のもの、ふわふわした手触りのもの

カラー
ピンク、白、アイボリー、パステルイエロー

庚山《かのえざん》

西 247.6度〜262.5度

責任感のある行動が財を呼び込むので、ルーズな生活はNG。家の中のものには定位置を作り、必ずその場所に戻すよう習慣づけて。

酉山《とりざん》

西 262.6度〜277.5度

名声や高貴さ、財を表し、女性に恋愛や楽しみごとをもたらす性質も。肌触りのいいファブリック類を使い、丸いクッションを置くと金運アップ。

辛山《かのとざん》

西 277.6度〜292.5度

英知を表す方位。ひとつのことを突き詰めることで才能が開花します。調味料やスパイスにこだわるとお金が集まってきます。

北西

「金」の方位。上品でグレード感のある空間づくりを。子どもがいてもおもちゃなどを出しっぱなしにせず、すっきりと品よく整えて。

ラッキーアイテム
クリスタル雑貨や銀製品、アンティーク風のもの

カラー
クリーム系をメインカラーに。女性だけの空間ならラベンダーピンクもおすすめ。

戌山《いぬざん》

北西 292.6度〜307.5度

喜びごとを増やし、財をため込む性質をもつ方位。部屋の四隅から運が生じるので、四隅にほこりをためないようにして。

乾山《けんざん》

北西 307.6度〜322.5度

権威や威厳を表す方位。ご先祖さまや目上の人を敬うと運気が上がるので、仏壇をきれいに掃除し、お盆にはお墓参りに行きましょう。

亥山《いざん》

北西 322.6度〜337.5度

24方位を統《す》べる方位。家の中が片付いていないと運気ダウン。もの選びにこだわりをもち、統一感のあるインテリアを心がけて。

まず整えるのは「玄関」「水まわり」

家の各場所にはそれぞれ異なる役割や性質があり、たとえば食を扱うキッチンは金運、「水」の気をもつ水まわり（バスルーム、トイレなど）は健康運や金運、愛情運、というように、その役割や性質によってそれぞれの場所の運気が形づくられています（それぞれの場所の詳しい運気や特徴については、114〜133ページを参照してください）。そのなかでも、**いちばん大切な場所、それが玄関と水まわりです**。

玄関はすべての気の入り口。運を上昇させるよい気（旺気《おうき》）も、運気を下げる悪い気（煞気《さっき》）も、すべてここから入ってきます。清潔できちんと整えられた玄関には旺気が、ごちゃごちゃして汚れた玄関には煞気が集まってきます。つまり、その家が**運のいい家か、そうでないかを決める場所、それが玄関**なのです。

玄関のいちばん大切なポイントは、**清浄にしておく**こと。余計なものを置かず、毎日床をきれいに掃除しましょう。花や観葉植物など、生気のあるものを飾っておくと、旺気が入ってきやすくなります。

また、家の中の水がある場所（トイレ、バスルーム、洗面所、キッチンのシンク）と寝室は、「水」に属する場所。水まわりの環境がよくないと、健康や愛情、お金など、「水」の気にかかわる運がすべて流れていってしまいます。また、「水」はあらゆる運を育てる働きがあります。清浄な水はよい運を育てますし、濁った水は悪い運を育てます。よい運だけを育てるためにも、水まわりは常に清浄にしておきましょう。

なお、水まわりはお金の流れをつかさどる場所なので、中古の家を購入したら、必ずここだけはリフォームすることをおすすめします。「水」の気は、前の住人のお金の流れを記憶していて、住人が入れ替わっても同じお金の流れを継続しようとします。もし前の住人が金遣いの荒い人だったり、借金のある人だったりした場合、あなたの家の金運もそれに影響されてしまいます。逆に言えば、**水まわりさえきちんとしておけば、ほかの場所が多少いい加減でも、致命的にひどいことにはならない**はずです。

各スペースのもつ運気とインテリアのポイント＃1

玄関

Entrance

すべての気の入り口であり、家の運のよしあしを決定づける場所であるとともに、その家に住む男性の頭部と女性の縁をつかさどる場所。「頭部」は、物理的な「頭」だけでなく、位やステータスの上昇も意味します。出世運や出会い運がほしい人は、特に玄関に気を配りましょう。

玄関は、**清浄であること**が何よりも大切。特に**床がきれいかどうか**は、運を大きく左右するポイントです。清潔できれいな玄関にはよい気（旺気《おうき》）が、薄汚れた玄関には悪い気（煞気《さっき》）が集まってくるので、どんなに忙しくても毎日の床掃除は習慣にしましょう。

また、玄関に季節はずれの雑貨などを置きっぱなしにしておくと、家庭内での重要な決めごとに関するタイミングがずれ、選択を誤りやすくなるので気をつけて。

ここだけは押さえたい！
開運ポイント

1

たたきは毎日水ぶきする。
水に重曹を加えるとより効果的

2

花、観葉植物など、
生気のあるものを飾る

3

明るくする。
日光が入らない場合は
ライトを常時つけておく

各スペースのもつ
運気とインテリアのポイント＃2

寝室

Bed Room

寝室は、悪い気を浄化し、運を再生する場所。風水では、人は眠っている間は「水」の気になると考えられているため、寝室も「水」のスペースになります。

人は、**寝ている間に、その日にためた悪い運を流し、新たな運気を吸収しながら運を再生**していきます。寝室に余計なものがごちゃごちゃ置いてあると、その気が体の中に入り込み、運の再生を妨げてしまいます。寝室には必要のないものは置かず、できるだけスッキリさせておきましょう。クローゼットや本棚などの収納家具を置く場合は、中身が見えない扉付きのものがおすすめです。

また、気は頭の上から流れてくるので、ベッドのヘッドボードの周辺には極力物を置かないようにしましょう。**起きたとき、最初に目に入る場所をきれいに整えておく**ことも大切です。一輪でいいので花を飾るとより効果的。

ここだけは押さえたい！
開運ポイント

1

眠るとき、頭の上や
その周囲に
モノを置かない

2

夜は真っ暗にせず、
フットライトなどほのかな灯りを
つけておく

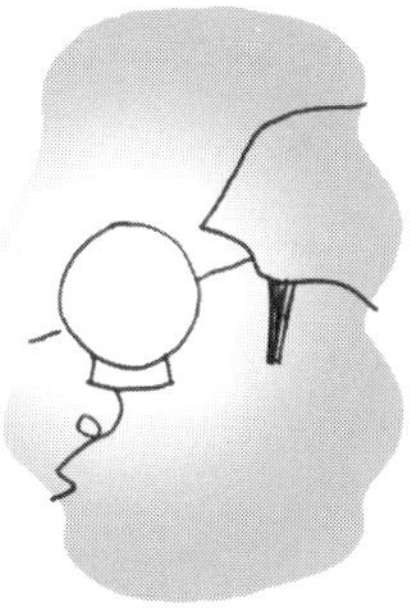

3

起きて最初に
目に入る場所をきれいに

住
Housing

各スペースのもつ
運気とインテリアのポイント#3

キッチン

Kitchen

「食」を生み出す場所であるキッチンは、その家の**金運をつかさどる場所**。金運がほしい人にとっては、ここが最重要スペースです。

キッチンの特徴は、「火」と「水」という、相反する要素が同じ空間にあること。この両者を混在させてしまうと気のバランスが崩れやすくなるので、「火」の気をもつオイル類はシンク下ではなくコンロの下に収納するなど、**「火」と「水」の領域を区別するように心がけましょう。**

また、キッチンは油汚れ、水あかなど、調理によって汚れがつきやすい場所ですが、**汚れているとその気が活性化して金運に悪影響**を与えてしまうので気をつけましょう。特に雑菌は運の大敵。布巾や手ふきタオルは濡れたらすぐに取り替え、スポンジやまな板はこまめに除菌するようにしましょう。

ここだけは押さえたい！
開運ポイント

1

油汚れ、鍋の焦げはすぐに落とす

2

赤いもの、プラスチック製品は置かない

3

水周りは清潔にし、こまめに除菌する

各スペースのもつ
運気とインテリアのポイント＃4

ダイニング

Dining

人は食事をするときに、食べたものから運を取り込むだけでなく、周囲の環境からも運を吸収しています。食事は毎日のことですから、**ダイニングの環境はその人の運の土台を作る**ものだと思ってください。なかでもダイレクトに影響するのは金運。ダイニングがごちゃついていたり、汚れていたりすると、家族にお金が回ってこなくなりますから気をつけて。

ダイニングでは、テーブルにいちばんお金をかけることが多く、椅子はないがしろにされがちですが、**重要なのはむしろ椅子**。高価な椅子が必ずしもいいというわけではないので、必ず座ってみて、座り心地のよさを確かめてから買いましょう。

また、テーブルの上に文房具や新聞などを置きっぱなしにするのは運気ダウンにつながるのでNGです。

ここだけは押さえたい！開運ポイント

1

椅子は座り心地のいいものを

2

テーブルに文房具や新聞を置きっぱなしにしない

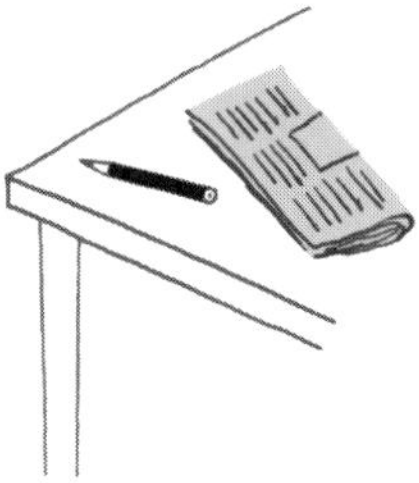

3

テーブルは長方形がベスト。
丸テーブルなら
ランチョンマットが必須

各スペースのもつ運気とインテリアのポイント＃5

リビング

Living Room

家族が集まるリビングは、その家の中心的な場所。**家族全員が居心地よく、リラックスして過ごせるリビング**をつくることが、運のいい家づくりのポイントになります。

リビングで最も大切なのは、「座る場所」。家族が全員そろったときに、誰かの座る場所がない、というのはもってのほかです。ソファが小さい場合はクッションを置くなどして、**全員が心地よく座れる場所**を作りましょう。なお、いちばん居心地のいい場所はその家の主人（＝経済的な柱となる人）の優先席に。

また、リビングで最も目にする機会が多いのはテレビ。人は目にするものから運を取り込むので、テレビ画面をこまめにふくのはもちろんのこと、テレビの周囲にほこりをかぶった雑貨などを置いておかないようにしましょう。特に**女性は目にするものが容姿になる**ので気をつけて。

ここだけは押さえたい！
開運ポイント

1

家族全員が
心地よく座れる
場所を設ける

2

テレビとその周辺に置くものに
気を配る

3

部屋の四隅は常に清浄に。
角に家具を置くなら
1カ所は空ける

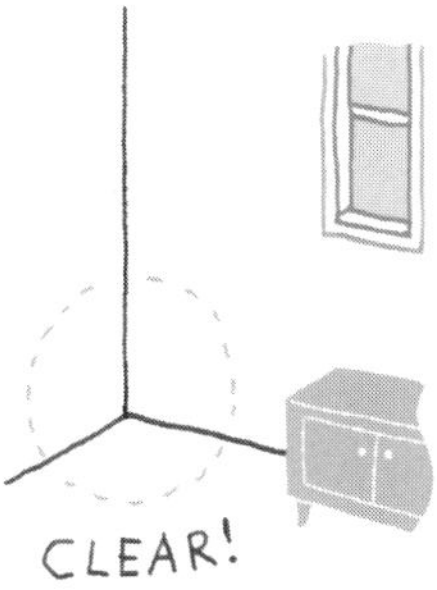

各スペースのもつ
運気とインテリアのポイント＃6

バスルーム

Bath Room

「水」の気をもつバスルームは、**愛情やお金、健康**などをつかさどる場所です。豊かな「水」の気が、愛情や豊かさ、美しさを与えてくれる半面、水毒が生じるとそれらすべてが失われ、また病の気も生じやすくなるので気をつけましょう。

水毒を生じさせる原因となるのは、寒さと湿気、そして雑菌。お風呂の残り湯には、体の汚れだけでなく、運の汚れも溶け込んでいますし、残しておくことで雑菌の温床にもなるので、なるべく**その日のうちに排水**しましょう。入浴後は換気扇を回すなどして、**速やかに乾燥させて**。

バスチェアや手おけなどは、クリアタイプ、もしくは白など**バスルームのインテリアに溶け込む色**を選び、こまめに洗っていつも清潔にしておきましょう。

ここだけは押さえたい！開運ポイント

1

お風呂の残り湯は早めに流す

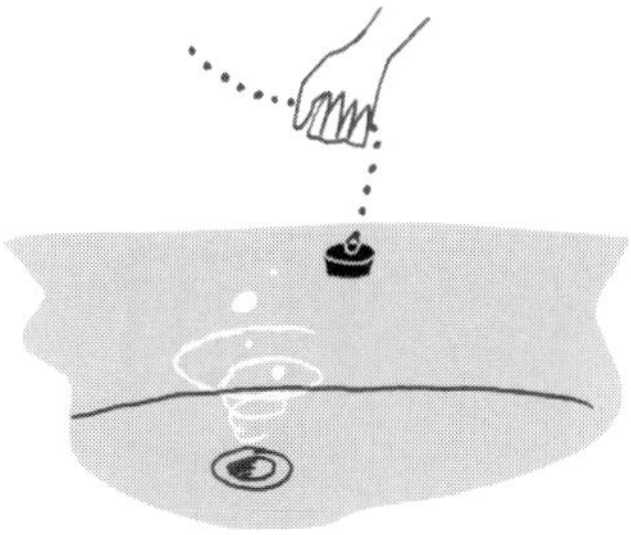

2

バスチェア、手おけなどはインテリアに溶け込む色のものを選ぶ

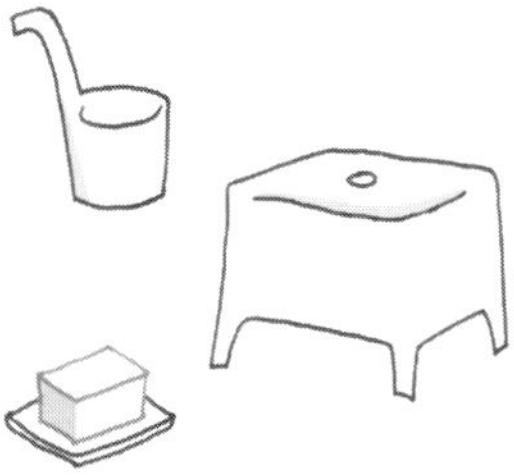

3

シャンプーやボディソープは統一感のあるパッケージのものを選ぶか、ボトルに詰め替える

各スペースのもつ
運気とインテリアのポイント＃7

洗面所

Wash Room

バスルームと同様に「水」の気をもつスペースであるとともに、女性の容姿の美しさに影響を与える場所でもあります。最も重要なのは、鏡。自分が映っていないときに鏡に映っているものが、そのまま自分の容姿になるので、**鏡に映り込む場所は常にきれいに整えておきましょう**。もちろん、**鏡自体もいつもピカピカに**磨いておくようにして。

また、洗面所に置くタオル類の色やデザインがバラバラだと、気のバランスが崩れてしまいます。ホテルのように白で統一するか、家族それぞれで「自分の色」を決めるなど、**色数を絞って見た目をスッキリ**させましょう。使う色は白かパステル系の色がおすすめです。「水」の気をもつ場所なので、ビビッドな原色やダークカラーは避けて。

ここだけは押さえたい！
開運ポイント

1

鏡に映る場所は
常にきれいに整えておく

2

タオルの色、
デザインを統一する

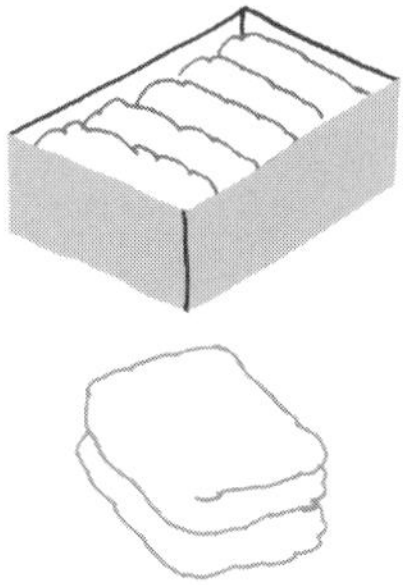

3

汚れものはふた付きの
ランドリーバスケットに。
洗濯機にためるのはＮＧ

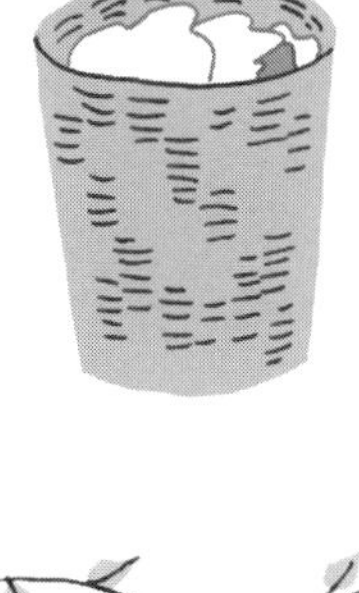

各スペースのもつ
運気とインテリアのポイント#8

トイレ

Toilet

トイレは、家の中で唯一、常に水がたまっている場所です。そのうえ排出される水のある場所なので、「水」の気が「陰」に傾きやすく、それを防ぐための工夫が必要になってきます。

ポイントは温度と明るさ。トイレが暗かったり寒かったりすると、「陰」の気が生じ、水毒が増殖しやすくなります。トイレが冷えやすい場合は、パネルヒーターなどを置き、一定の温度を保って。寒色系のファブリック類を使うのも避けましょう。

また、水毒は低いところにたまるので、**床は常に清浄に**しておきましょう。トイレマットもこまめに洗濯を。

なお、トイレは排泄する空間なので、ほかの空間と区別するために**必ず専用のスリッパを用意**してください。狭くてスリッパが置けない場合は、床掃除を徹底して。

ここだけは押さえたい！
開運ポイント

1

床は毎日ふき掃除をし、
常に清浄に

2

寒々しくならないよう、
温度調整、
色使いに気を配る

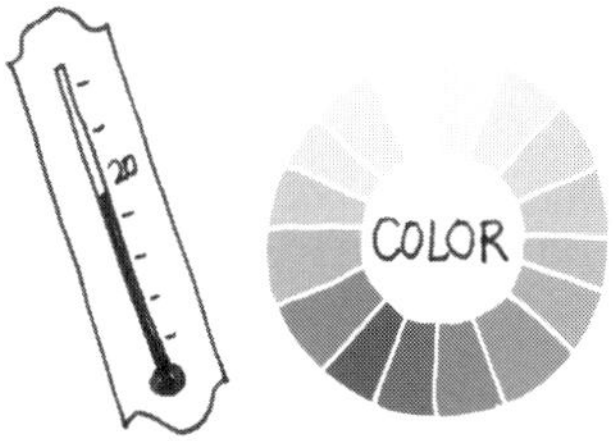

3

便器のふたは必ず閉め、
消臭を徹底する

各スペースのもつ運気とインテリアのポイント#9

階段・廊下

Stairs & Passage

階段、廊下はどちらも気の通り道であり、部屋と部屋をつなぐ「つなぎ目」のスペースです。

階段は上下のフロアをつなぐ場所で、上昇する気、下降する気がそれぞれ行き来しています。この場所で気が滞ってしまうと、玄関から入った気が上の階へ上がれず、下の階にたまってしまいます。それを防ぐためにも、LEDの常夜灯を設置するなどして、**いつも明るくしておきましょう**。

廊下のポイントは「変化」。気は緩やかなS字形を描くように、蛇行して進む性質があります。まっすぐで変化のない廊下だと、気が前に進みにくいので、**観葉植物やフロアライトを置く、壁に絵を互い違いに飾る**などして、気を導くようにしましょう。

ここだけは押さえたい！開運ポイント

1
階段は常に明るくしておく

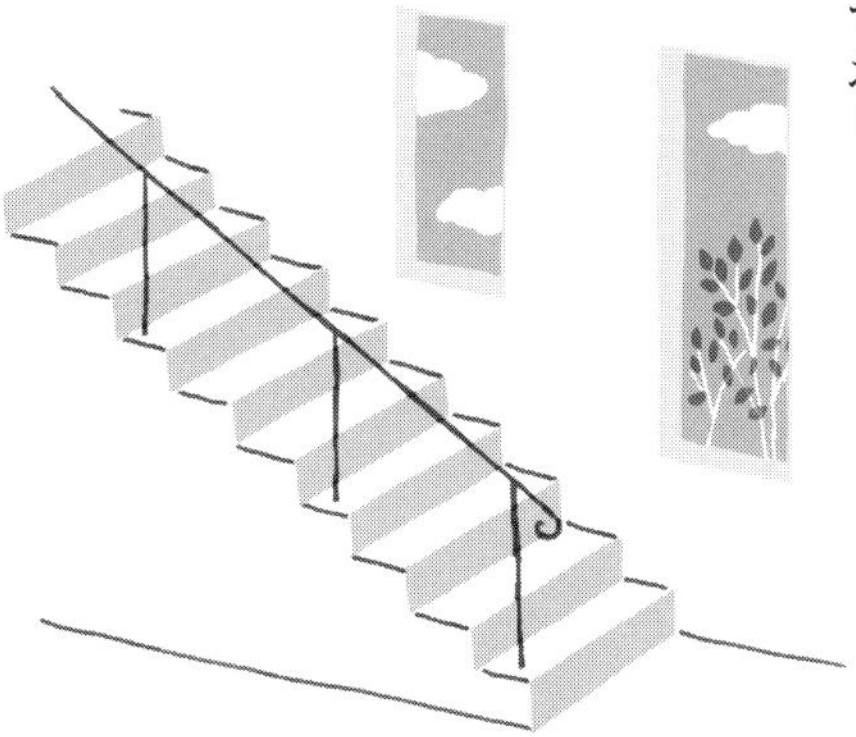

2
廊下は観葉植物や絵を飾り、変化をつける

3
不用品置き場にしない

各スペースのもつ
運気とインテリアのポイント #10

ベランダ・庭

Balcony & Garden

ベランダや庭は、「補充」の運気をもつ場所です。「補充」の運気とは、今、**あなたに欠けている運気を環境が判断して補ってくれる**働きのこと。

ただし、洗濯物を干すなど、「実用」にしか使っていない場合は、補充の運を得ることはできません。

スペースにゆとりがあるなら、バーベキューや本格的なガーデニングを楽しむのもいいですし、ガーデンテーブルを置き、天気のいい日はそこで食事をするのもおすすめです。集合住宅の狭いベランダでも、寄せ植えのプランターやアウトドア用のチェアを置いてお茶を楽しむなど、活用方法を工夫しましょう。洗濯物を干すとそれだけでスペースが一杯になってしまうという場合は、洗濯物は乾燥機で乾かしてスペースを確保するなど、**これまでの習慣にこだわらず、豊かな使い方**を工夫して。

ここだけは押さえたい！
開運ポイント

1
実用ではなく、豊かさのための空間として活用する

2
枯れた植物、古い土などを放置しない

3
物置を置くなら、主張しすぎないシンプルなデザインのものを選ぶ

モノを捨てられない人は、悪運も捨てられない

風水で運を上げるためには、必ずしも片付け上手である必要はありません。もちろん、片付けが上手なほうが家の中はスッキリしますが、効率よく収納したり、見栄えをよくしたりするためには、知識や技術が必要です。片付けが得意でない人は、「モノの定位置を決める」「使ったものは元の場所に戻す」といった、ごく基本的なことができていれば十分だと思ってください。

ただし、「片付けられない」の原因が、「モノを捨てられない」にあるのだとしたら、それは大問題。なぜなら、**モノを捨てられない人＝悪運を捨てられない人**だからです。

モノを捨てるためには、まず「自分にとって必要なもの」と「そうでないもの」を判別しなければなりません。これができるかできないかで、運が大きく変わってきま

す。実生活において、自分に必要なものだけを選び取ることができない人は、**必要な運とそうでない運を判別することもできない**からです。

「捨てられない」人は、この先ずっと、必要なものも不要なものも、すべて持って進んでいかなくてはなりません。当然ですが、自分に必要なものだけを選び取りながら進む人のほうが身軽ですし、目指すゴールに早くたどり着けます。背負っている荷物が多ければ多いほど、ゴールにたどり着くまでに時間がかかります。最悪の場合、道に迷ってゴールにたどり着けないこともあるかもしれません。また、自分の運の容量が必要のない運でいっぱいになってしまうため、新たによい運をためることもできなくなってしまいます。「不用品」は、あなたの運にとっては重荷でしかないのです。

これから先の人生を、悪運とともに生きていくか、それとも身軽になって自分が望む未来を手に入れるか、どちらがいいかは考えるまでもありませんよね。今からでも遅くはありません。**不要なもの、使っていないものは手放しましょう。それだけで確実に運は上向いてきます。**

どんなに高価なものも、使っていなければゴミと同じです

「モノを捨てたほうがいいことはわかっているけれど、『いつか使うかもしれない』と思うと捨てられない」という声をよく聞きます。

よく言われることですが、「いつか使うかも」の「いつか」は、ほぼ100%やってきません。「使うかもしれない」と思うなら、今すぐ使いましょう。今、具体的な使い道が思いつかないなら、それは今のあなたには必要ないものだと考えてください。

「まだ使えるからもったいない」というのも、よく聞く言葉ですが、運という観点から見れば、**持っていることで運を下げるようなものをいつまでも手元に置いておくことこそ「もったいない」**といえます。

ハイブランドのバッグや服、ジュエリーなど、どんなに高価なものであっても、使っ

ていないものは「活用されていない＝死んでいる」もの、つまりゴミと同じ。それをため込んでいるということは、ゴミ屋敷に住んでいるのと同じことです。「高価なものなので捨てたくないが、身につけるのはちょっと……」という場合は、自分好みの形にリフォームすればいいのです。その手間や費用が惜しいと感じるなら潔く処分を。「捨てる」ことに抵抗があるなら、ブランド品の買い取りショップに引き取ってもらう、フリマアプリで売るなど、ほかの人に活用してもらう方法を考えましょう。

なお、布製品（服、タオル、カーテン、テーブルクロスなど）に関しては、寿命が短いので、使っている、いないにかかわらず、定期的に買い替えることをおすすめします。「まだしっかりしているし、使えるから大丈夫」と思うかもしれませんが、**寿命が過ぎたものを使い続けていても、そこから運をもらうことはできません**。タオルやシーツなど、毎日使うものは1年くらい、カーテンや服は3年ほどを目安に買い替えるようにしましょう。布張りのソファも10年はもちません。買い替えをせずに使い続けるなら、5年に一度くらいは張り地を新調しましょう。

ミニマリストの空間に足りないものとは？

ここ数年、最小限のモノで暮らす「ミニマリスト」というライフスタイルが注目されています。これまでお話ししてきたように、不要なものを手放すことは悪運を手放すことになるので、その部分においては、ミニマリスト的な暮らし方は風水に近いかもしれません。

ミニマリスト的な暮らしの最大のメリットは、**不要なものをためこまないので、よい運が入ってきやすくなる**ということ。また、持ち物が少なければ探しものが見つからないというストレスが減りますし、掃除がしやすくなって空間が清浄になるのも、運にとってはとてもいいことです。実際、汚部屋とミニマリストの部屋なら、後者に暮らしている人のほうが、運がいいに決まっています。

ただ、持ち物の適正量は人によって異なります。風水で大切なのは、あくまでもバランス。前述したように、多すぎるよりは少ないほうがいいのですが、**少なければ少ないほどいいというわけではありません**。何より、「少なくすること」を目的にしてしまうと、「使い回せる」「着回しが利く」というように、機能性ばかりを重視するようになりがち。そういったものだけで構成された空間は、スッキリしていて無駄がないため、確かに悪い気は入ってきません。でも、そこに**「豊かさ」がないと、運が入ってこない**のです。

もしあなたが、現在ミニマリスト的なライフスタイルを実践していて「部屋はスッキリと片付いているのに、ほしい運がこないのはなぜだろう」と思っているなら、そこにぜひ、趣味のアイテムや季節の雑貨、クッション、絵などを置いてみてください。何を置けばいいか迷うなら、花を一輪飾って。**余計なものがないスッキリと片付いた空間に、そういった補充の運気をもつ「なくてもいいけれど、あると豊かな気持ちになれるもの」が加われば、風水的にはパーフェクト**。よい運気がどんどん入ってくるはずです。

目指すのは「風水やってるの？」と言われないインテリア

インテリア風水をやっているという人の家を見せていただくことがあります。そういう家はたいてい、玄関に水晶や盛り塩を置く、大きな八角形のミラーを壁にかける、パワースポットでいただいたお守りやお札をリビングに飾る、というように、「風水やってます！」感があちこちに見てとれます。もしあなたがこういった家を訪れたら、たとえその家の人が風水をやっていることを知らなくても、「風水をやっているんだな」とピンとくるでしょう。じつはポイントはここ。インテリア風水で運気を上げたいと思うなら、人にあきらかに「風水をやっている」と悟られてはいけません。実際には風水に基づいたインテリアであっても、**一見してそれとわからないようにすることが大切**なのです。

風水で最も大切なのはバランスです。バランスのいい空間とは、色合いやテイストが統一され、モノの置き方や飾り方、飾ってあるもののセレクトなどが、**部屋全体の雰囲気とマッチしている**、そんな空間のこと。

逆に、いろいろな色やテイストがごちゃ混ぜになっていたり、部屋の雰囲気にそぐわないものが置いてあったりする空間は、バランスがよくありません。たとえば、壁紙や家具がヨーロピアンテイストなのに、テレビの横にこけしが飾ってあったら、「なんでこんなものがここにあるの？」と思いますよね。そういう**「異質なもの」が空間にあると、それが悪い気を呼び込むゲートになってしまう**のです。盛り塩や水晶もそれと同じこと。もしそういうアイテムを置きたいなら、不自然に感じないような色、形のものを選ぶ、おしゃれなふた付きの器に入れるなど、インテリアに溶け込ませる工夫をする必要があります。それが**できないなら、置かないほうが無難**です。

ちなみに、「異質なもの」というのは、うまくインテリアに溶け込ませることができれば、よい変化を呼び込む効果があります。ただ、それができるのはかなりのインテリア上級者。そこまでのスキルがない人は、形違いの花器やクッションを並べるなど、「同じだけどちょっと違う」ものを取り入れるのがおすすめです。

掃除の基本は床掃除

清浄な空間にはよい気（旺気《おうき》）が、汚れた空間には悪い気（煞気《さっき》）が集まってくるもの。掃除をしないと、ほこりやゴミがたまって煞《さっ》気が集まりやすくなるだけでなく、古くなって死んだ気（衰気《すいき》、煞衰気《さっすいき》と呼びます）も降り積もっていきます。掃除は、煞《さっ》気の侵入を防いで旺気を招き入れるとともに、衰気や煞《さっ》衰気を取り除いて空間を清浄に保つために欠かせない作業です。

掃除が苦手、あるいは忙しくて掃除をする余裕がない、という方は、ロボット掃除機など、文明の利器を積極的に活用しましょう。「手を抜くとその分だけ開運効果がなくなるのでは？」と言う人がいますが、そんな心配はいりません。**自分の手でやろうが、機械まかせにしようが、掃除の効果は同じ**です。もちろん、掃除の外注サービスを利用してもかまいません。

掃除の基本は床掃除です。床はすべての運をためておく場所。床掃除を怠ると、悪い運が地層のように堆積していってしまいます。家全体の床を毎日掃除するのがベストですが、それが無理なら玄関の床だけでもいいですから、毎日掃除するように心がけましょう。床掃除は、**「ふき掃除」と「掃除機」の二本立て**で行います。空間にこもった悪い気は水でしか解消できないので、**からぶきではなく必ず水ぶきを。水に重曹を少し加えると、より浄化力がアップします**。シート式のフロアモップに重曹水をスプレーしてふいてもOKです。

そのうえで、フローリングの家でも週に1回は必ず掃除機をかけましょう。悪い気をすべて消し去るためには、水ぶきだけでは不十分。掃除機で「吸う」ことで、ようやく悪い気を完全に取り除くことができるのです。掃除機はスティックタイプのもので十分。もちろんロボット掃除機を使ってもかまいません。掃除機をかけるときは、窓を少し開けておくと、悪い気が出ていきやすくなります。カーペットの家は重曹をまいて、しばらくしてから掃除機をかけると空間浄化になります。

また、掃除をしたら、**きれいな状態を3日間キープする**ようにがんばりましょう。3日間維持すると、空間がその状態を覚え、悪い気が定着しにくくなります。

清浄な空間を長持ちさせる「空間浄化」と「重曹ぶき」

掃除の効果をより長く持続させたいときは、**お香の煙で空間を浄化**しましょう。きれいになった空間で煙を焚くことで、悪い運が空間に定着しにくくなり、より長く清浄な状態をキープできるようになります。お線香でもかまいませんが、煙が出るものを選びましょう。何か悪いことが起こったとき、嫌な来客があったとき、運を変えたいときなどにも、この方法で空間浄化を。**悪運がリセットされ、新たな運が入ってきやすくなります**。

さらに、年に何回か行ってほしいのが、**床と壁の重曹ぶき**です。乾いた雑巾に重曹水をひと吹きして湿らせてから、床と壁をくまなくふきます。重曹には空間の気を清浄化する効果があるため、定期的に行うことで悪い気がたまりにくい空間をつくることができます。可能なら月1回、それが難しければ半年に1回でもかまいません。

ちなみに、**引っ越しをしたときも、荷物を運び入れる前に必ず床と壁の重曹ぶき**を。そうしないと、前にその空間に住んでいた人の気が残り、今後の生活や運気に影響を及ぼすことになるからです。これはたとえ新築であっても同じ。ハウスクリーニング業者に清掃を頼む場合も、これだけは自分の手で行いましょう。

Column

空間を浄化する方法

こんなときに…
- ▶ **新しい家に引っ越したとき**
- ▶ **悪いことがあったとき**
- ▶ **運を変えたいとき**

1　小皿にお香を立て、部屋の四隅に置く

小皿を4枚用意し、それぞれに塩を盛って、お香または線香を1本（もしくは奇数本）立てる。お香はシトラス系、またはユーカリなどグリーン系のものを。お香をたき、部屋の四隅に置く。テレビやオーディオは消して部屋のドアを閉め、窓を少しだけ開けて部屋の中央に立つ。

2　空気を9回切る

自分が何となく気になる方向を向いて立ち、人差し指と中指をそろえて刀のように振り下ろし、空気を切る。同じ動作を9回繰り返す。

3　小皿を回収する

部屋から出て、お香が燃え尽きた頃（15〜20分後）に戻り、皿を回収する。使った塩は水に流す。皿は食事用の器とは別にして、食器棚の上など高いところに収納する。

いい香りの漂う家は運のいい家

香りは、**あらゆる運気を活性化するとともに、さまざまな人やモノとの出会いを引き寄せてくれる**もの。いい香りはいい運気やよい出会いを、悪臭は悪い運気や悪い出会いを呼びますから、家の中はいつもいい香り、心地よい香りを漂わせておくことを心がけましょう。

特に出会いがほしい人には、香りは必須アイテム。香りというと香水のように自分が身につけるものという感覚が強いかもしれませんが、**空間に香りを漂わせ、その香りを吸収させる**ことも、運のいい体質づくりには欠かせません。

アロマオイルやリネンスプレーのほか、焼きたてのパンの香り、コーヒーの香り、花の香りなども「香り」のひとつ。**常にいい香りの中で過ごしていれば、ほしい運にも出会いやすくなります**。

なお、香り付きの柔軟剤やトイレの芳香剤など、化学的に合成された香りは、一瞬だけ運気を活性化するものの、その後急激に運気を悪化させるので、極力使わないようにしましょう。

また、タバコや生ゴミの臭い、生乾きの洗濯物の臭いなど、人を不快にさせる香りは、不愉快な出来事や自分にとってマイナスになる人との出会いを引き寄せてしまいます。ゴミ箱やトイレなど、**悪臭が発生しやすい場所は、常に清潔にしておく**ように心がけましょう。にんにくや納豆など、臭いの強い食べ物にも要注意。食べたあとは、口内の消臭だけでなく、ダイニングの換気や消臭もお忘れなく。

Column

こんなとき、こんな場所におすすめの香り

玄関に

オレンジ、マンダリンなどの柑橘系

寝室に

カモミール、ラベンダーなど

リモートワーク中に

レモン、グレープフルーツ、レモングラス、ミントなど

疲れを癒したいときに

カモミール、ラベンダーなど

悪運をリセットしたいときに

ペパーミント、ラベンダーなど

収納のストレスはそのまま運のストレスに

収納スペースは、文字通り「モノを収納しておく場所」ですが、同時に「運をためておく場所」でもあります。収納スペースに何を、どのように収納しているかによって、**そこにたまる運も変わってくる**のです。

たとえば、収納スペースに、使わなくなった電化製品や引き出物の器など、不要なものがたくさん詰め込まれていると、いい運は入ってきません。

特に、収納スペースが広く、何でもしまっておける家は要注意。収納スペースは大きければ大きいほどいいと思うかもしれませんが、スペースにゆとりがあると、何でもそこにしまっておけばいいと考えるようになりがち。そして、一度収納してしまうと、見た目にはスッキリ整って見えるため、「いらないものが入っている」ことになかなか気づきません。部屋の中はスッキリ片付いているように見えても、なぜか運が上がらない……そういうときは、**収納スペースにいらないものがたくさん入っていないか**、見直してみましょう。

また、快適に出し入れできるよう、使い勝手をよくしておくことも大切。「ここに入っているはずなのに見つからない」「出しにくくてイライラする」といった収納に関するストレスは、そのまま運のストレスになります。詰め込みすぎて出しにくい場合は、不要なものを捨ててモノの総量を減らしましょう。そのうえで、棚や引き出しなどで仕切る、ボックス収納にするなら、中身がわかるようにラベリングするなど、**機能的でわかりやすいシステムづくり**を。自分ではうまくできないなら、収納のプロに依頼するのもひとつの方法ですよ。

Column　盛り塩は置く？　置かない？

塩には強い浄化作用があるので、盛り塩を置くこと自体は清浄化につながる開運行動です。ただし、むき出しで置くのは一般の家庭では絶対にNG。それを見た人に「盛り塩を置くなんて、何か悪いことがあったのかな」と思われ、かえって運気ダウンを招く可能性が非常に高いからです。
置く場合は、香炉やポプリポットなど、それとわからないような容器に入れましょう。普通の塩を使う場合は、3日に一度の交換が必要です。

便利家電は運の味方

最近は、食洗機やロボット掃除機、自動調理鍋など、便利な家電がたくさん出ています。こういうアイテムを使うことを「手抜き」ととらえる風潮もありますが、風水的には何ら問題はありません。掃除にしろ、洗い物にしろ、自分の手で時間をかけて行うことが苦にならない人は、そうすればいいですし、そうでない人は便利な道具を活用すればいいのです。**便利家電を使ったから運が上がらない、などということは決してない**ので、安心して使ってください。

便利家電を使うようになると、家事にかける労力が減り、生活が快適になるだけでなく、これまでそれに費やしていた時間をほかのことに使えるようになります。つまり、**「自分の時間」が増える**のです。働いている人はもちろんのこと、主婦の方にとっても、これは大きなメリット。1日の中で、「自分が支配している」と思える時間が増えることで「時」を味方につけやすくなり、運気を自分の望む方向へと動かせるようになります。**家事の時短は、開運への近道**なのです。

また、興味があるならぜひ取り入れてほしいのが、スマートスピーカーです。テレビを見たいのにリモコンが見つからない、家電のリモコンがたくさんあって置き場所に困る、電気を消すときに、いちいちスイッチのある場所まで歩かなくてはならない……といった、日常生活の小さなストレス。ひとつひとつは些細なことでも、それらが積み重なることで空間の運は少しずつ落ちていきます。スマートスピーカーを導入すれば、そういったストレスの大部分が解消されるはず。**「ストレスのない生活」を体感すると、運は大きく変わります**。ぜひチャレンジしてみてください。

Column IHコンロとガスコンロ

IHコンロとガスコンロの違いは「火」の有無です。「火」はあらゆるものを活性化させるので、ガスコンロで調理したほうが食べ物から得られる運気は大。火を灯すことで空間も活性化します。一方で、コンロの周りのごちゃつきや油汚れなど悪いのものも活性化しやすいので、キッチン全体をきれいに保つ努力が不可欠。IHは掃除がしやすいなど空間をキレイに保つ利点が大ですが、「火」がないのが弱点。キャンドルを灯すなど、本当の火を見る機会を増やすことがポイントです。

きれいになりたいなら、高級美容液より花を買いましょう

皆さんは、家の中に花を飾る習慣がありますか？

私は、これまで生きてきたなかで、花のない空間で暮らした経験がありません。家の中に飾る花を絶やしたことはありませんし、旅先でも同じホテルに連泊するときは必ず花を買ってきて飾るようにしています。それは、花が好きだからというより、**花のもたらす開運効果が絶大なものであること**を知っているからです。

花や観葉植物のように生気をもつものは、空間に生気をもたらしてくれるだけでなく、家の中に置くと外から生気を呼び寄せてくれる働きがあります。**花を飾ることは、生気を呼び寄せるためのエサを置いておくようなもの**なのです。

また、花というのは、生活には必要ないけれど、あると心が豊かになる、いわば「＋α」のアイテム。そういうアイテムには「補充」の運気があり、自分に足りない運気

を補ってくれる働きがあります。

さらに、女性は目にするものがそのまま自分の容姿になるという性質があるので、家の中に花を飾って毎日眺めていると、**それだけで美しく、若々しくなれるという効果**もあります。実際、きれいになりたいなら、高価な美容液を買ったり、エステに通ったりするより、1輪でもいいので花を買って飾ったほうがずっと効果的です。

花は高価なものと思われがちですが、季節の花なら1輪200円前後。花の種類にもよりますが、夏以外の季節なら、こまめに水替えをして世話をすれば、1週間はもちます。1週間に200円なら、安いものだと思いませんか？　近くに花屋さんがなければ、定期的に花をポストに届けてくれるサブスクを利用するのも手です。

Column　花を飾るならまず玄関に

家のどこか一カ所に花を飾るなら、まずは玄関に。玄関に生気のあるものを置くと、旺気（よい気）が入ってきやすくなります。その次におすすめの場所は寝室。花のある空間で眠ると、寝ている間にその生気を吸収するため、運気の再生率がアップします。人は目覚めて最初に目にするものから多くの運気を吸収するので、ベッドサイドに飾っておくと、より効果的です。テレビの横など、いつも目に入る場所に置くのも◎。花を見ることで生気を吸収し、運気アップに。

ワークスペースは生活スペースとは別空間に

新型コロナウイルスの影響でリモートワークを取り入れる企業が増えましたが、皆さんはどこで仕事をしていますか?

もし家で仕事をするなら、**生活する空間と仕事をする空間はできるだけ分けることが大切です**。可能であれば、仕事専用の部屋を設けるのがベストですが、それが無理なら、リビングの一角をパーティションや棚、カーテンなどで区切り、そこにデスクを置いてワークスペースに。「ここから先は仕事場」と、見た目でわかるように分けましょう。

スペースにゆとりがなく、それも難しいという場合は、仕事をするときだけテーブルクロスをかけるなど、何らかの方法で「仕事」と「生活」の切り替えを。仕事を始めるときはスリッパを履き替えるなど、**自分なりの「スイッチ」を作る**のもおすすめです。

なお、いずれも、ドアを背にしてデスクに向かうのはNG。たとえ一人暮らしで誰も入ってこないとしても、ドアという「人が出入りするところ」が背後にあるだけで、気が落ち着かなくなります。

また、パソコンを使うときは、**モニターの高さにも注意**しましょう。リモートでのミーティングや打ち合わせに参加する場合、ノートパソコンやタブレットをそのままデスクに置いて使うと、モニターのほうが低い位置になるため、相手を見下ろす形になりがち。これではまさに上から目線で偉そうに見え、相手に悪い印象を与えてしまいます。パソコンやタブレットの画面は、自分の目線と同じ高さになるように、台などを置いて調整しましょう。

ちなみに、オンライン会議のときなどに、自分の背景をバーチャルで変更できる機能がありますが、これはあまりおすすめしません。たとえどんなにきれいな風景でも、不自然な背景は相手に違和感を感じさせ、それが悪印象につながるからです。どうしても**自分の背景が気になる場合は、大判の布やカーテンなどで隠す**ようにしましょう。

出会い運がほしい人は「風」「花」「香り」が必須

風水では、あらゆるものや人との出会いは「風」が運んできてくれるものと考えます。出会いがほしい人は、まず家の風通しをよくすることから始めましょう。

窓は1日に1回は必ず開け、家中に風を通します。アレルギーがあって窓が開けられないという人は、サーキュレーターやシーリングファンで**風を起こしましょう**。レースやリボンなど、ひらひらと風になびくようなアイテムをインテリアに取り入れるのも効果的です。同時に、風が入ってくる窓辺や、風の通り道である廊下に余計なものを置いていないか、ほこりなどがたまっていないかチェックしてみてください。カーテンが汚れているのもNGです。

インテリアのマストアイテムは、**花とサブライト**。花は自分の容姿の印象になるので、必ず飾るようにしましょう。その季節の花であればどんな花でもよく、1輪でもかまいません。飾る場所は、1カ所なら玄関に。余裕があれば寝室のベッドサイドや洗面所の鏡の前にも飾るとより効果的です。男性の場合は観葉植物などグリーンを飾りましょう。サブライトは、空間に光をもたらすとともに、足りない運を補充する働きもつ、重要なアイテムです。インテリアのアクセントになるような、素敵なものを選びましょう。縁を引き寄せてくれる「香り」にも気を配って。玄関やリビング、水まわりを中心に、**オレンジやマンダリンなど、甘酸っぱい香り**を漂わせましょう。

さらに、春なら桜モチーフの雑貨、夏は涼しげなガラス雑貨、冬はクリスマスツリーやリースというように、**季節感のあるアイテム**をインテリアに取り入れると、出会いのチャンスをつかみやすくなります。逆に季節はずれのものをいつまでも飾っておくと、チャンスを逃しやすくなるので気をつけましょう。

また、床が汚れていたり、古いカーペットを敷きっぱなしにしていたりすると、「土」の気が強すぎて、出会いがやってこなくなります。フローリングの場合、**床は定期的にワックスをかけるなどして、いつもピカピカに**しておきましょう。可能であれば、床のリフォームをすると、重いベースがリセットされ、家から連れ出してくれるような出会いが訪れやすくなりますよ。

ほしい運別・インテリアのポイント#2

恋愛運がほしい人はピンク&白の上品なインテリアに

出会いはあるけれど、なかなかその先に進めない、あるいは付き合い始めた相手との縁をもっと深めたいという人は、インテリアに「水」の要素を多めに入れていきましょう。

ベースは出会い運アップのインテリア（156～157ページ）と同じで問題ありません。そのうえで**インテリアのベースカラーは上品なピンクと白**を組み合わせて。ピンクは「水」の気が強いので、出会いがない人には不向きですが、すでに出会いがあり、その先に進みたいという人には最適の色です。白と組み合わせて使うことで、ピンクのもつ「水」の気がさらに強まりますよ。

さらに取り入れたいのが、**レースやフリル**、**小花柄など**、「水」の気を充実させてくれるアイテム。花柄やフリルは子どもっぽくなりがちですが、家具や小物を上品なテイストで統一し、エレガントな色、アンティークフラワーなど上品な柄を選んで取り入れると、大人っぽくまとまります。

そのほか、**猫脚の家具やクラシカルなサブライト、ガラス製の雑貨、花器**なども「水」の気を充実させてくれるアイテムです。ガラス製品は、カッティングガラスより、つるんとした曲線的な形のものやフロストタイプがおすすめです。

また、**花と香り**は必須アイテム。特に「水」の方位である北側や寝室、洗面所など「水」の空間に重点的に花を飾りましょう。香りは、女性の場合、ローズなど甘い花の香りを。男性の場合、ミントなどさわやかな香りを漂わせましょう。

さらに、部屋にある**鏡のフレーム**にも目を向けて。素敵なフレームの鏡に自分の姿を映すと、それが自分の容姿のイメージになります。シンプルなフレームの鏡しか持っていない人は、この機会に自分がなりたい容姿のイメージのものに買い替えることをおすすめします。

なお、奇抜なキャラクターグッズ、ビビッドカラーのポップな雑貨などは陽気が強すぎるので、恋愛運がほしい人の部屋には不向き。惰性で飾っているなら処分し、思い入れのあるものなら、いったん目につかないところに片付けて隠しましょう。

結婚運がほしい人は「出会い」＋「恋愛」＋リボンモチーフ

結婚運がほしい人は、「土」の気を強化するのがセオリー。ただし、まだ結婚したい人と出会ってもいない人が、「土」の気を強化するのは逆効果。「土」の気を強める＝家に根付くことになるため、新たな出会いが訪れにくくなってしまうからです。**そもそも、結婚は、出会い、恋愛を経て初めて見えてくるもの。**最初から結婚のことばかり考えていると、風が止まり、かえって縁が遠のいてしまいます。ですから、「出会いはないけれど、結婚したい！」という人は、まず156〜157ページの「出会い運アップのインテリア」を実践することから始めてみてください。結婚を望むなら、むしろ焦りは禁物です。

今付き合っている人とそろそろ結婚を考えている、という人は、「恋愛運アップのインテリア」をベースに、**リボン、ギンガムチェック、刺繍、バイピングなどのモチー**

フを足していきましょう。２人の仲が結婚へと向かいやすくなります。

インテリアのメインカラーは、**サーモンピンクやオレンジピンク。そこにミントグリーンをアクセント**として加えましょう。男性で結婚運を望む人は、さわやかなグリーンカラーを取り入れて。

女性にとって**リボンモチーフは縁を「結ぶ」**作用があるので、結婚運がほしい人にはぜひ取り入れてほしいアイテム。カーテンをまとめるときに、タッセルの代わりにリボンを使うのもおすすめです。そのほか、**ステッチや刺繍、バイピング、ギンガムチェック**など、「土」の気をもつアイテムも積極的に取り入れましょう。

さらに、座る環境＝椅子やソファにもこだわって。椅子を買い替えたり、素敵なクッションを置いたりして、**座る環境をアップデート**しましょう。クッションカバーは季節感のある色、柄を選び、こまめに取り替えて。女性の場合、クッションの数は必ず偶数個にしてください。

金運がほしい人はキッチンと水まわりを清浄に。財布は寝室の北側の暗い場所へ

金運がほしい人の最重要ポイントは、キッチン。キッチンのコンロまわりやシンクが汚れていたり、調理台やカウンターの上がごちゃついたりしていると、お金がどんどん出ていってしまいます。

キッチンはこまめに掃除をし、使いやすいようにスッキリと整とんしておきましょう。しょうゆやみりんなどの調味料は、同じデザインのボトルに入れ替えるなどして、**収納アイテムを統一**することも大切です。**中身が見えない容器には必ずラベリング**を。調味料入れやツール立ては、**なるべく「土」の気をもつ陶器製のもの**を使い、「火」の気を抑えましょう。また、プラスチック製品や赤い色のアイテムは、金運を燃やして

しまうので、絶対に置かないようにして。

まな板やふきん、スポンジなどに雑菌が繁殖しないよう、消毒や除菌もこまめに行いましょう。キッチンを使い終わったら、その都度シンクやカウンターにもアルコールスプレーをふきかけておくと安心です。

バスルームやトイレ、洗面所などの水まわりも、**こまめに掃除をしていつも清浄に**しておきます。シャンプーボトルの底、手おけやバスチェアなども、石けんカスや水あかなどがこびりついていないか、定期的にチェックして。

インテリア全体では、「丸いもの」がキーアイテム。クッションや花器、雑貨など、さまざまなところに「丸」を取り入れてみましょう。金運は丸い形をしているので、同じように丸い形をしているものがあると、そこに集まってきます。同様に、**柔らかく、ふんわりした手触りのもの**も金運を呼び込んでくれます。

また、財布の置き場所も重要なポイント。いつもバッグに入れっぱなしにしていたり、目に付くところに出しておいたりしていると、お金が落ち着かずにすぐ出ていってしまいます。**財布は寝室の北側の暗い場所に定位置**を設け、そこに置くようにしましょう。

家庭運がほしい人は「座る」環境に気を配って

家庭運アップのいちばんのポイントは、座る環境を整えること。とりわけ、家族が集まるリビングや食事をするダイニングの座る環境に気を配りましょう。

ダイニングというと、面積の大きいテーブルに目がいきがちですが、運への影響度で言えば、むしろ椅子のほうが大切。テーブルと椅子、どちらにも十分にお金をかけられるならそれでいいのですが、そうでない場合は椅子に重点を置きましょう。**家庭運は、椅子にお金をかけることから**始まります。必ず実際に座ってみて、座り心地がよく、**2時間座っていても疲れないもの**を選ぶようにしてください。

リビングでは、家族全員が心地よく座れる場所をつくりましょう。家族が全員集まると、誰かひとりは座る場所がなく、直に床に座るしかない、というご家庭も多いのですが、これは絶対にNG。ソファが小さい場合は1人用のソファを買い足す、フロアクッションを置くなどして、全員が座れるようにしましょう。また、いちばん座り心地のいい席、もしくはテレビがよく見えるなどメインになる席は、その家の主人（＝経済的な柱となる人）の優先席。主人がいないときは子どもに座らせてもかまいませんが、家にいるときは必ず譲るようにしてください。

また、家庭運を上げたい人は、**リビングに家族写真を飾る**のも効果的。そのときは、独身時代に一緒に撮った写真、結婚してすぐの写真、子どもが生まれて家族で撮った写真……というように、**年代別に並べて飾るのがおすすめ**です。なお、その場合、祖父母や親戚と撮った写真は、家族写真とは分けて、別の場所に飾るようにしましょう。

Column リビングは大人のスペース

小さい子どもがいると、リビングはどうしても子ども中心になりがち。子ども用のジャングルジムやおもちゃの電車セットをリビングに置きっ放しにしている人も多いですが、これはNG。リビングは、あくまでも家の主人がくつろぐためのスペースです。リビングを「子どものためのスペース」にすると、家の大黒柱としての負担が子どもにかかり、結果として子どもの運を下げることになります。遊び場として使うのは問題ありませんが、 遊び終わったらその都度片付けるようにしましょう。

仕事運がほしい人は「時」を合わせ、最新のものを取り入れて

仕事のスキルを高めたい、仕事を通して自分を成長させたい、という人は、成長や発展の運気をもたらしてくれる「木」の気を整えましょう。

まずは**家中の時計をきちんと正確な時刻に合わせます**。狂いは最大でも3分以内に収めるようにして。面倒なら、頻繁に見る時計だけでも電波時計に買い替えると、時刻を合わせる手間がかからなくなります。

わざと時刻を早めたり、遅らせたりする人もいますが、これもNG。時間を早めると、先走りがちになりますし、遅らせるとタイミングに乗り遅れます。ちなみに、今の自分のタイミングのよさや悪さは、ある程度の距離を歩いてみて、信号にどれくらい引っかかるかをチェックしてみるとわかりやすいと思います。ことごとく赤信号で足止めされるようなら、時計の時刻を見直す必要があります。

また、「木」から作られる雑誌、本、カタログなどの**紙製品は、定期的に整理**して、古いものは処分するように心がけましょう。時に遅れた紙製品をとっておくと、自分自身の時も古くなり、流行やタイミングに乗り遅れるようになります。どうしても紙で残しておきたい本以外は、**電子書籍で買い直すのもひとつの方法です**。

それに加えて、情報、ファッション、スマホなどのガジェット類は、**何かひとつでも「最新のもの」を取り入れる**ように心がけて。常に新しいものを吸収し続けることで、成長の気が発展していきます。

よい言霊を日々目にするのも効果的。好きな言葉や格言を英語で書いたものをよく目にする場所に貼っておいたり、声に出して読んだりすると、自然に成長の運気が高まっていきます。

さらに高い地位やステータスを望むなら、クリスタルガラスの雑貨や作家ものの陶器、絵など、**グレードの高いアイテム**を玄関に飾りましょう。また、スペースにゆとりがあれば、書斎や仕事部屋など、**自分専用のスペース**を持つとグレードが上がりやすくなります。個室が難しければ、リビングの一角をパーティションなどで区切り、ワークスペースにするのもおすすめです。

Column

ペットを飼うときの注意点

ペットを飼うときに最も気をつけなくてはいけないのは、トイレの場所です。トイレを置く場所＝トイレになってしまうので、「食」に関わるキッチンやダイニングに置くのは絶対NG。リビングや玄関、廊下も避けましょう。いちばんいいのは、人間用のトイレの中か、洗面所などドアで区切られた場所。納戸など、居室以外にドアやふすまで区切られた部屋があれば、そこでもOKです。どうしてもリビングにしか置けない場合は、パーティションなどで囲い、こまめにシートや砂を取り替えるようにして。

また、犬を飼う場合、犬用のケージを玄関に置くのはNG。家に入ってくる気をすべて犬が受けることになるため、その家に住む人の運気が上がらないだけでなく、犬にかかる負担も大きくなります。

第4章

食

毎日の食があなたの運をつくる

開運体質になりたいなら、まず「食」から

人の環境のなかで、いちばん身近で、しかも自分で選択しやすいもの、それが「食」です。運気を上げたい、そのために何かしたいと思ったら、まず毎日の食生活を見直してみましょう。もちろん、1回の食事だけで運が変わるわけではありません。しかし、食はじわじわと環境にしみ込み、少しずつ運を変えていくもの。人の細胞と同じように運もどんどん入れ替わっていきますから、**毎日続けていれば、3カ月ほどで必ず効果が出てきます**。

「食」で運気を上げるために、最も重要なのは、運を強く意識すること。「これを食べるとこんな運がアップする」と意識しながら食べることで、運の吸収率が大きく変わってきます。ですから、普段よく食べる食材がどんな運気をもっているかというこ

とは、何となく頭に入れておくよう心がけて（おもな食材の運気は192〜198ページ参照）。ただし、出会い運がほしいからと毎日パスタを食べ続けたり、金運アップのために甘いものばかり食べたりするのはNG。そういったバランスの悪い食べ方は、逆に運気を落とす原因になります。

いろいろなものをバランスよく食べることが、運のいい食生活の基本。そのなかで、ほしい運に即したものを食べる頻度や回数をほかのものより増やしていきます。そうすると、体にその食物のもつ運気が少しずつ蓄積され、運となって表れてくるのです。

また、農薬や化学調味料などは、運の土壌を汚染し、運気の吸収力をダウンさせてしまいます。食材を選ぶときは、**できるだけオーガニックのもの、低農薬や無農薬のものを選ぶ**ようにしましょう。化学調味料や添加物などもなるべくとらないようにして。小さなことですが、これを続けていると気がクリアになり、同じものを食べてもより多くの運を吸収できるようになります。**「高級なもの」より「質のいいもの」「よい素材を使ったもの」を選ぶ**ことが、運のいい食生活のポイントです。

女性なら、「陽：陰＝7：3」がベスト。食べる時間帯にも気をつけて

食風水では、生ものや冷たいものを「陰」、火を通したものや温かいものを「陽」と見なします。「陰」のものばかり食べていると、体が冷え、病の気が寄ってきやすくなりますし、「陽」のものばかりだと気持ちが舞い上がりすぎて、落ち着きがなくなってしまいます。**「陰」と「陽」、どちらもバランスよく**取り入れることが運のいい食生活のカギになります。

風水では、「勝陽劣陰の法則」といって、「陽」が「陰」より少し多め、具体的には**「陽：陰＝6：4」くらいがちょうどいいバランス**だと考えられています。ただし、女

性は存在自体が「陰」なので、この割合だと「陰」に傾きやすくなります。**女性の場合はもう少し陽を勝たせて「7：3」**くらいを目安にしましょう。

なお、このバランスは心身のコンディションによっても変化します。たとえば**疲れているとき、落ち込んでいるときは「陽」のもの**を積極的にとる、逆に**テンションが上がっているとき、イライラしているときは「陰」のもの**をとる、という具合に、自分が今どんな状態なのかを見極めて、陰陽のバランスを調整していく必要があるのです。

また、食べる時間帯も重要なポイント。たとえば、サラダや果物などは生もの、つまり「陰」の食べ物ですが、これを朝食べるか、夜食べるかで、そこから摂取できる陰陽の気のバランスが変わってくるのです。「陰」の気をなるべく取り込まずに、食物のもつよい気だけを吸収するためには、生ものや冷たいものはなるべく「陽」の気の強い午前中から午後3時ごろまでの間に食べ、日没後は火を通したものを食べるようにしましょう。

食材の運気は「火」の使い方で変わります

食風水では、陰陽のバランスがカギになるというお話をしましたが、そこでポイントになるのが「火」の使い方。食物に火を通すと、食材に付着している「陰」の気が「陽」に変化するとともに、食材のもつ気が何倍にも高まります。また、風水では火は「神」を表します。**火にかけた食物をとることは、神の気を体内に取り込む**ことになり、ひいては**生命力を高める**ことにもつながるのです。

この場合の「火」は、自然の火（炭火など）がベストですが、日常生活ではガスコンロの火で問題ありません。炎の出ないＩＨコンロはパワーがやや落ちます。注意したほうがいいのは電子レンジ。電子レンジが発する電磁波は、悪い「火」の気なので、食物に照射することで、食物の陰陽のバランスが崩れてしまいます。また、レンジで調理した食品をとりすぎると、体内に陰の「火」の気がたまり、イライラしたり暴力的になったりすることも。多用は控え、**夕食にレンジで加熱したものを食べたら、翌日の午前中に冷たいものをとる**など、陰陽のバランスを調整するようにしましょう。

さらに、同じ「火を通す」でも、どう調理するかで食材の運気は変わってきます。食材の力を最も効果的に引き出す調理法は「焼く」。食材の陰陽のバランスを残しつつ陰の気を陽転させ、食材のもつ運気を最大限に引き出します。

「炒める」は「外に出す」力が強まる調理法。自分の個性や持ち味、能力を人に見せたい、アピールしたいときにおすすめです。

「蒸す」料理は、「火」のもつ力を内側に封じ込めて一気に上昇させるので、一瞬で爆発的に運気を上げることができます。

強い「火」をもつ油で「揚げる」料理は、名声や華やかさなどを得たいときに効果的。ただし、こればかり食べていると体内に「火」の気がたまりすぎて運気のバランスが崩れるので、必ず「陰」のものを一緒にとるようにしましょう。

「煮る」調理法は、食物の気に「土」の気をプラスし、我慢強さや努力する力を生じさせます。土台を安定させてくれるので家庭運アップにも効果的です。

好き嫌いがあっても大丈夫。食のバランスはトータルで考えて

風水では、すべてにおいてバランスが重要。食に関しても同じです。いろいろな味、いろいろな食材、いろいろな料理をバランスよく食べることで、運のバランスも整っていきます。そうお話しすると「好き嫌いがあるんだけど、大丈夫？」「偏食だと運も偏ってしまうのでは？」などと心配される方が多いのですが、**べつに好き嫌いがあってもいいのです**。

そもそも、世界中にさまざまな食材があるのですから、そのなかに苦手なものがひとつやふたつあったとしても不思議はありません。好き嫌いがあるのは、むしろ当たり前のこと。食べられないものがあるなら、無理をして食べるのではなく、ほかのもので補うことを考えましょう。**大切なのは、「いろいろなものを食べること」であっ**

て、**「すべてのものをまんべんなく食べること」ではない**のですから。生野菜が食べられなくても、温野菜や果物が食べられるなら問題ありません。それで補いきれない分はサプリメントなどの栄養補助食品でとればいいのです。

どうしても食べたくないもの、食べられないものを「食べなくちゃ」と思いながら、無理矢理食べたり、食べながら「おいしくないな」「嫌な味だな」と思ったり……そういった行為をくり返すことのほうが、よほど運にとってはマイナス。そんな食事をしていると、食から運をもらえない人になってしまいます。

ただし、これは大人になってからの話。**子どもの場合は、栄養学の観点からもいろいろなものをまんべんなく食べたほうがいい**ですし、好き嫌いが多いと生活をしていくうえで不便な思いをすることが増えるので、**なるべく好き嫌いを作らないように**親が気を配ってあげたいですね。子どもの好き嫌いは見た目に左右されることも多いので、調理法を変える、見た目をかわいらしくするなどして、イメージを変えると食べられるようになることもあります。無理強いするのではなく、「食べられたらラッキー」くらいのつもりで、食卓に載せ続けることも大切です。

現代人に足りない「苦み」は積極的にとって

日常生活で「バランスのいい食事」というと、栄養のことばかり考えがちですが、食風水で意識してほしいのは、栄養より味のバランス。風水では「五味」といって、**「酸《さん》・甘《かん》・辛《しん》・苦《く》・鹹《かん》」の5つの味をバランスよくとる**ことが大切とされています。

このなかで、**現代人に不足しがちなのは「苦」**。苦いものはなかなか食卓には上らないので、1日1回は、何かひとつ「苦み」のある食品をとるように意識してください。ピーマンやゴーヤなどのほか、コーヒーをブラックで飲んだり、ハイカカオのチョコレートをひとかけつまんだりするだけでもOK。毎日の習慣にすることで、傾きがちな味覚のバランスが整っていきますよ。

甘 酸 辛 苦 鹹

甘（甘《あま》い）

「金」の味覚。滞った気を流し、心や体を癒すとともに、充実感を与えます。

酸（酸《す》っぱい）

「木」の味覚。発想の転換を促し、気力や活力を養います。気を若く保つ効果も。

辛（辛《から》い）

「火」の味覚。変化を引き寄せたり、行動力を高めたりする作用があります。

苦（苦《にが》い）

「土」の味覚。運気を定着させ、地盤を安定させます。気を落ち着ける効果も。

鹹（塩辛《しおから》い）

「ため込む」作用があり、よい気も悪い気も体の中にため込みます。

「食べたい！」は運が足りていないサイン？

何か特定の料理がものすごく食べたくなることってありませんか？　たとえば、「今日はどうしても肉が食べたい」とか、「ラーメンが食べたい」というように。じつは、その**「食べたい！」という欲求は、その食材や料理がもつ運があなたに足りていない、ということのあらわれ**なのです。

もしそういうことがあったら、素直に「食べる」のが正解。「今食べたら太っちゃうから」「もう夕食の材料を買っちゃったし」などと理由をつけ、食べずに済ませてしまうと、満たされない感覚だけが残るため、運気にとっては大きなマイナスに。もちろん、たくさん食べる必要はありません。カロリーや塩分などが気になるなら、量を加減して少しだけ食べればいいのです。**大切なのは「食べたいという気持ちを我慢しない」こと**です。

ただし、「食べたいものを食べる」ことが、いつも正しいというわけではありません。特にお刺身などの生もの、生野菜や冷たいものが食べたくなったときは要注意。それらの食べ物は基本的に「陰」の食べ物であり、人は自分が「陰」に傾くと、「陰」寄りの食べ物を欲するようになる性質があるからです。男性（＝陽）より女性（＝陰）のほうが、サラダなどの生野菜を好んで食べる傾向があるのも、年を取って気が陰に傾くにつれて、洋食より和食を好むようになるのも、その性質によるもの。でも、「陰」に寄っている人が「陰」のものを食べると、どんどんその傾向が強まり、病の気を呼びこみやすくなってしまいます。

生ものや冷たいものが食べたくなったときは、**自分が落ち込んでいないか、ネガティブになっていないか**考えてみましょう。もしそうなら、お刺身やサラダではなく、トマトソースのパスタや焼き肉など、陽の気の強いものを食べたほうが、心身の回復につながります。逆に、**すごくいいことがあって興奮しているとき、テンションが上がってハイになっているとき**に「陽」のものを食べるのは、過剰になりすぎるのでNG。そういうときこそ、生ものや冷たいものを食べて、気を落ち着かせましょう。

運気を上げる食べ方14のポイント

食風水で運気を上げるためのポイントをまとめました。
これを実践していれば、食から得られる運気の吸収率がグンとアップしますよ。

1

1日3食以上食べる

風水的には5食をバランスよくとるのがよいとされていますが、現代の食生活では難しいので、3食をバランスよく食べることを目標に。

2

食べたいときに食べる

お腹がすいていないのに「時間だから」と無理をして食べる必要はありません。逆に空腹を我慢するのもNG。お腹がすいたら軽く何かつまむようにしましょう。

3

時間をかけてゆっくり味わう

1時間くらいかけて食べるのがベスト。時間がないときでも20分くらいはかけてゆっくり味わって。

4

楽しく食べる

歓談しながら楽しく食べると、食から得られる運気がさらに豊かになります。ひとりで食べる場合は音楽をかける、テレビや動画などを見ながら食べるなどして。

5

旬のものを食べる

旬の食材には「時」の運が宿っています。常に季節を意識して、旬のものを積極的に食べるようにしましょう。

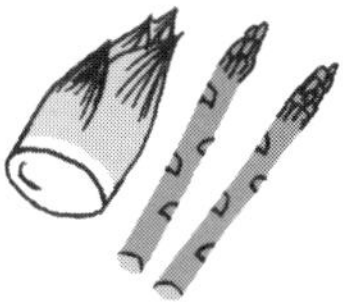

6

火を通したものを食べる

火を通していない生のものだけだと、「陰」の気が強くなってしまいます。必ず火を通したものも食べるようにしましょう。

運気を上げる食べ方14のポイント

7

流行の食べ物を取り入れる

流行の食べ物にも、旬の食材同様に「時」の運があります。食のトレンドにも常にアンテナを立て、流行の食材を積極的に食卓に取り入れましょう。

8

原産地に気を配る

神経質になる必要はありませんが、自分の吉方位のものを選んで食べると、その方位の気も取り込めます。特にお米、水、日本酒を選ぶときは産地を意識して。

9

器にこだわる

高価でなくてもいいので、自分が気に入っている器を使いましょう。特にごはんを食べるお茶碗はこだわって選んで。また、いい器は出し惜しみせず、普段使いにしましょう。

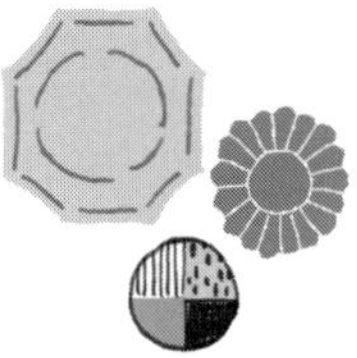

10

テーブルの上を整える

食卓の上に余計なものが載っていると、食事をしながらそのものの気も一緒に取り込むことになります。テーブルの上はスッキリと片付け、可能なら一輪でいいので花を飾っておきましょう。

11

「面」を作って食べる

テーブルが四角い場合はいいのですが、丸テーブルだと自分の前に「面」がなく、気を吸収しにくくなります。丸テーブルで食べるときは、トレーやランチョンマットを敷いて「面」を作りましょう。

12

デザートを食べる

デザートは、金運を与えてくれるだけでなく、今あなたに足りない運気を補充してくれる働きもあります。ほんのひと口でもいいのでデザートを食べる習慣を。

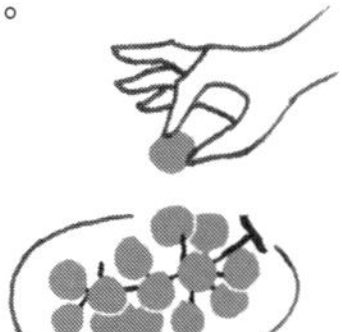

13

いつも同じものばかり食べない

どんなに好きなメニューでも、毎日同じものを食べるのはNG。食に変化がないと運が落ちてしまいます。特に朝ごはんは毎日違うものを食べるように工夫して。

14

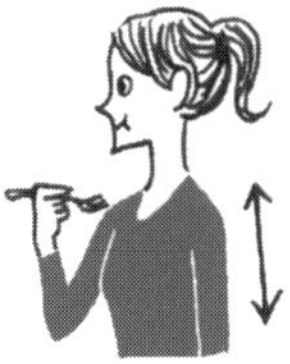

姿勢を正し、よくかんで食べる

当たり前のようですが、食べているときの姿勢が悪いと、うまく運気を取り込むことができません。また、よくかんでゆっくり食べることは食べ過ぎ防止にも有効。

朝ごはんのメニューは「定番」より「日替わり」で

風水では、朝は「木」、正午前後は「火」、夕方は「金」、というように、時間帯にもそれぞれ五行の気があると考えられています。

なかでも、朝はあらゆるものが「生まれる」時間帯。この時間帯に食べる**朝ごはんは、その日1日の運気を決める最も重要な食事**です。皆さんのなかには、「時間がないので朝食は食べない」という人もいるかもしれませんが、この時間帯に食事をとらないまま1日をスタートすると、その日1日、新たな運気を生み出せなくなってしまいます。よく、健康のためには「早寝、早起き、朝ごはん」が必要だと言われますが、**運のためにも朝ごはんは必ず食べる**ようにしてください。

平日の朝は慌ただしいので、朝ごはんにはあまり手をかけられない、手早く作れるもので済ませたい、という人がほとんどだと思います。もちろん、それで問題ありません。ただ、毎日同じメニューだと新たな運気が生まれにくいので、今日がパンなら明日はごはん、その次の日はうどんというように、**なるべく毎日違うもの**を食べましょう。できれば2週間は毎日違うメニューにできるレパートリーをもちたいですね。

「2週間なんて無理！」と思うかもしれませんが、パンだけでも、ホットサンド、ピザトースト、ハニートースト、フレンチトースト……といったアレンジメニューができますし、ごはんならおにぎりや混ぜごはん、お茶漬けにするという手もあります。白いごはんにみそ汁が定番、という人は、佃煮や日持ちのするお惣菜を何種類か買っておき、日替わりで出すようにすれば簡単に変化がつけられます。また、冷凍の中華まんや焼きおにぎりなどを冷凍庫にストックしておくと、食べたいときにいつでも出せてとても便利ですし、メニューのレパートリーも増えます。**朝ごはんのバリエーションが広がると、生み出せる運の幅も広がりますよ**。

なお、朝ごはんのメニューには、**酸っぱいものや発泡性のものを加えると、気が上昇し**、よい1日のスタートがきれます。オムレツや目玉焼きなどの**卵料理も、「生まれる」気を強めてくれる**ので、数日に一度は食卓に登場させましょう。

大きな器を使うと運の器も大きくなります

食べ物からどれだけ運をもらえるかは、**盛りつける器によっても変わってきます**。たとえば、買ってきたお惣菜をパックのまま食べるのと、気に入ったお皿に盛りつけて食べるのとでは、後者のほうが当然ですが、より多くの運気をもらえます。

これは、高級な器だからいいというわけではありません。値段より大切なのは、その器を**あなたが気に入っているかどうか**。適当に選んだ器、間に合わせで買った器ではなく、「これがいい」と思って選んだ器を使いましょう。よく、「これは高い器だから、普段使いにはもったいない」と、せっかくの器をしまい込んでいる人がいますが、それこそもったいない話です。高級食器のもつグレードの高い気は、持ち主であるあなたが吸収すべきもの。出し惜しみせず、積極的に使うようにしましょう。

また、シンプルな形の器はどんな料理にも合うので便利ですが、それしか使っていないと入ってくる運もシンプルになり、豊かさや喜びごとが入ってこなくなってしまいます。ちょっと変わった形の器や、花をかたどった器など、遊び心のある器も上手に取り入れていきましょう。春は桜モチーフの器、夏はガラスの涼しげな器というように、その季節らしさもぜひ意識して。

また、料理を盛るときは、**自分が思っているより大きめの器を使ったほうが、その料理から得られる運も多くなります**。食器の大きさは、運を入れる器の大きさでもあるからです。普段自分が選ぶサイズよりひとまわり大きめ、だいたい1・5倍くらいがベストサイズだと思ってください。パスタなどはレストランで出される料理をイメージして、中央に小高く盛るとバランスよく盛りつけられますよ。

Column ティータイムは豊かさのもと

茶葉を選び、ていねいに淹れた紅茶をお気に入りのカップに注いでゆったりと飲む……そんな時間をもてる人は、豊かさを生み出せる人です。お茶を飲むことは「土」の気ですが、そこに「楽しむ」という要素が加わることで、「金」の気が生まれます。忙しいときは、ペットボトルのお茶をカップに注いで飲む「クイックティータイム」でもOKですよ。

おやつは気持ちが充実するような食べ方を

「間食」というと、あまりよくないことのようなイメージがありますが、**風水では間食はむしろよいこと**とされています。というのも、「飢える」ことは、運を最もすり減らす行為だからです。人は「飢え」を感じるたびに豊かさを失います。**空腹を我慢すればするほど、運の貯金がゼロに近づいていく**わけです。普段食生活に気を配っていても、これでは意味がありません。「お腹がすいたな」と感じたときは我慢せず、ひと口でいいので何か口に入れましょう。

ちなみに、飢えているときに食べたものからは、通常より多くの運を吸収できます。ですから、**お腹がすいているときほど、自分のほしい運に即したものを食べる**ことをおすすめします。

また、同じ間食でも、「何となく口寂しいから食べる」というような食べ方をするのは絶対にやめましょう。それが甘いものであればなおのこと。甘いものはすべて「金」の味覚であり、「充実」の気をもっていますが、それは食べたときに「充実した」「満足した」と感じて初めて得られるもの。

たとえば、いつも手に届くところにクッキーの缶が置いてあって、しょっちゅう手を突っ込んで食べている、という状況では、間食がただの習慣になってしまい、いくら食べても充実感は得られません。

おやつや間食は、「何となく口に入れる」のではなく、**食べることにきちんと向き合い、味わって食べるようにしましょう。**それを意識すると、甘いものを口にする回数は自ずと減っていくので、食べ過ぎ防止にもなりますよ。

Column コンビニスイーツも器とカトラリーで運気アップ

「ちょっと甘いものが食べたいな」というときに、気軽に買えるコンビニスイーツ。こういったスイーツこそ食べ方にこだわりましょう。パッケージから出してそのまま食べるのではなく、きちんと器に載せて金属のフォークやスプーンで食べる、そのひと手間をかけることでスイーツからもらえる充実感がぐんと高まります。

知っておきたい食材の運気

食べ物はそれぞれに異なる運気をもっています。この章のはじめにお話ししたように、自分の今の状態や、自分がほしい運に合ったものを選んで食べることで、陰陽のバランスを整えるとともに、望む運気を自分の中に蓄積させていく、それが食風水の基本です。

ここでは、代表的な食材のもつ運気をまとめました。自分が口にする食材がどんな運気をもっているのか、ぜひ頭に入れておいてください。

主食

○**米**
日本人にとって主食である米は、自分のベースを強化してくれる特別な食べ物。生気を強め、悪いものを浄化するとともに、運気を安定させてくれます。

○**パン**
楽しみごとを呼び込み、人生を明るくしてくれます。心を明るくしてくれる効果も。

○**麺類**
麺類のような「長いもの」は、「縁」を呼び込む力があります。最も強力なのはパスタ。恋愛や人間関係の縁だけでなく、お金との縁もつないでくれます。そばには悪縁リセット、うどんには日常に楽しみごとをもたらす効果もあります。

肉類・卵

○**鶏肉**
金運や楽しみごとをもたらす運気が強い食材です。行動力アップにも効果的。

○**豚肉**
健康運や家庭運アップに効果的。物事を正しい方向へと向かわせてくれる運気も。

○**牛肉**
さまざまな運気を「ため込む」食材です。貯蓄運アップに、また自分が手に入れた運気を定着させたいときに食べると効果的。

○**ハム、ソーセージ**
肉を加工したハムやソーセージ、ベーコンなどは、運気に変化を与える効果があります。

○**卵**
「生まれる」運気の強い食材。さまざまな運気を生み出してくれるパワーがあります。何かを始めたいときに食べると効果的。

魚介類

○**赤身魚**
運気を強力に動かしてくれる食材。特にマグロやカツオなどの回遊魚は、「動」の気が強いので、停滞している物事を動かしたいときにおすすめです。行動力ややる気アップにも効果的。

○**白身魚**
人間関係を活性化してくれます。人と人とをつなげ、出会わせてくれる力もあります。

○**エビ、カニ、イカ**
いずれもビューティー運に効果のある食材。エビは女性に輝きや美しさを与えてくれるほか、出会いももたらしてくれます。また、カニには知性をもたらし、直感力を高めてくれる効果も。

○**タコ**
悪い気から身を守ってくれます。物事を好転させたいときにもおすすめ。

○**貝類**
運気を活性化させ、美しさや行動力を与えてくれます。

乳製品

○牛乳
「水」の力を豊かにし、愛情運や信頼を築かせてくれます。

○ヨーグルト
発酵食品であるヨーグルトは、運気をよい意味で変化させていく作用があります。

○チーズ
「金」の気によい変化をもたらす食材。火を通して食べるとよりパワーが強まります。

豆類

○豆
「始まり」の運気が強い食材です。チャンスや発展の運気があるので、チャンスをつかみたいとき、新しい物事を始めるときに食べると効果的。

○豆腐
「水」の気をもち、人との信頼関係を深めてくれます。

○豆乳
人との信頼関係を深めるとともに、新しい縁や運気を生み出してくれます。

○小豆
強力なデトックスパワーがあり、あらゆる悪い気を清浄化してくれます。ぜんざいやどら焼きなど、小豆を使ったスイーツ、お菓子でも同じ効果が得られます。

野菜

○トマト
「陽」の気の強い食材。心や運気のマイナスを消し、明るい光をもたらしてくれます。

○玉ねぎ
調理法によって運気が変わる食材。生なら浄化、火を通すと運気を充実させてくれる効果があります。

○じゃがいも
「土」の気が強い食材。家庭運や健康運、結婚運アップに効果的。

○**さつまいも**
「金」の気をもつ食材。心を満たし、生活を豊かにしてくれる作用があります。スイーツにして食べるとさらにパワーが強まります。

○**にんじん**
結婚運アップに効果的。グラッセやスイーツなど、甘い味つけで食べるとさらに運気が強まります。

○**大根**
調理法によって運気が変わる食材。生で食べると浄化やストレスを取り除く効果があり、火を通すと充実と満足感をもたらしてくれる効果があります。

○**キャベツ**
「結球する」ことから縁を結ぶ強いパワーをもつ食材。新しい人間関係を築かせてくれる作用もあります。

○**きのこ類**
「土」の気をもち、土台を強め、発展させてくれる食材。家庭運や健康運アップにも効果的。

○**ショウガ**
強力な浄化作用をもつ食材。物事を活性化させてくれる運気も。

○**ニンニク**
強力な清浄化作用とともに、生命力を強めてくれる効果もあります。

○**ねぎ**
物事を発展させ、行動力を高めてくれる食材。悪いものから守る力も。

○**ハーブ類**
香りの強いハーブ類は、出会いをもたらし、人間関係を充実させてくれます。バジルやコリアンダーは活性化、ローズマリーやミントには清浄化作用も。

果物

○いちご
始まりの運気をもつ食材。チャンスに恵まれやすくなるほか、若さや発展の運、出会いをもたらしてくれます。

○柑橘類
みかんやオレンジなどの柑橘類には、縁を呼び込み、人間関係をよくしてくれる作用があります。運気の活性化にも効果的。

○りんご
果物のなかでは、清浄化パワーが最も強い食材。体にたまる水毒を流し、精神的なストレスを解消してくれます。

○桃
女性にとっての万能食材。体や運にたまった悪い気を浄化するとともに、楽しみごとや豊かさを与えてくれます。また金毒を浄化する効果も。

○メロン
ステータスや財運を与えてくれる果物。また、金毒浄化、特に出世や昇進など地位が上がることで生じるトラブルを解消してくれる力があります。

○ブドウ
丸い形と甘みが金運アップに効果的。財産になるような大きな金運をもたらすほか、人間関係を豊かにしてくれる効果もあります。

○梨
気を清浄化し、ストレスや悪い気を流してくれます。ステータスを上げる効果も。

○洋梨
喜びごとをもたらすとともに、ステータスを与えてくれる力があります。玉の輿運アップにも効果的。

○さくらんぼ
女性の容姿を美しく、華やかにしてくれます。生命力を活性化させ、健康運アップにも効果的。

調味料

○塩
生命力を高め、悪い気を浄化してくれます。料理によって使い分けるとさらに効果的。

○砂糖
豊かさをもたらしてくれます。黒糖やきび砂糖など、精製度の低いもののほうが金毒がたまりにくいのでおすすめ。

○しょうゆ
喜びごとや愛情をもたらします。たくさん取り過ぎると水毒がたまり、病気にかかりやすくなるので気をつけて。

○みそ
ベースを築き、固めてくれる力があります。家庭運や健康運アップに効果的。

○酢
酸味「木」の運気を上昇させ、成長の運気をもたらします。とりわけ「木」の気をもつ子どもには酢を使った料理を積極的に食べさせて。

○オイル
「火」の気をもち、生命力を高めてくれます。ただし、質の悪いオイルは逆に生命力を弱め、嫉妬や野心を強めるので要注意。

○スパイス類（ラー油、コショウ、山椒、カレー粉など）
「火」の気をもち、運気を活性化してくれます。

お茶・コーヒー

○緑茶（日本茶）
悪い気をクリアにするとともに、物事を発展させ、新しいことをもたらしてくれる運気があります。

○紅茶
縁を継続させ、自分にとって必要な縁をもたらしてくれる運気があります。ミルクティーにすると豊かさの運気がアップ。

○中国茶
現状に変化を起こし、よい方向へと導いてくれます。見た目の変化を楽しめる花茶が特にラッキー。

○**コーヒー**
気を落ち着かせたり沈静化したりする効果がありますので。朝に飲むと「生み出す」力が弱くなってしまうので、飲むなら昼以降に。

○**ハーブティー**
出会いを呼び込みます。ミント（活性化）、レモングラス（やる気アップ）、若さ（ローズヒップ）など、使うハーブによってそれぞれ異なる運気があります。

お酒

○**ビール**
人間関係を楽しくし、気を上昇させる効果があります。「始まり」の気があるので、食事の最初に飲むと効果的。

○**ワイン**
豊かさをもたらします。赤ワインは豊かさや楽しみごとをもたらし、白ワインは気を清浄にしてくれます。また、スパークリングワインには運気を発展させる運気があります。

○**日本酒**
「水」の気が強く、信頼や充実をもたらしてくれます。方位の影響を受けやすいので、自分の吉方位、もしくは地元で作られたものを選ぶと◎。

○**焼酎**
強力な「火」の気で体にたまった「陰」の気を取り去ってくれます。運気を活性化させ、やる気アップも。

第5章

衣

身につけるものはあなた自身のイメージ

ファッションやメイクは「気」を変える最強のツール

「衣」、つまりファッションや髪型、メイクなどは、「人から見た自分」を形づくる重要な要素です。たとえば、あなたが出会った人が裸だったら、その人がどんな人なのか判断するのは困難です。でも、服を着ていれば、その装いから相手の好みや生活スタイルなどが何となくわかるもの。なぜなら、ファッションやメイクには、その人自身の好みや価値観が投影されているからです。**人は誰でもその人自身を表すオーラを身にまとっていますが、それは目には見えません。「衣」はそのオーラのようなものだと言ってもいいでしょう。**

「衣」は自分自身で選ぶことができる環境のひとつ。どんな服を着るか、どのような装いをするかは、あなた次第です。たとえば、落ち着いて見られたいならシックな服を着る、きちんとした人だと思われたいときはカチッとした服を着るというように、「こうなりたい」というイメージに沿った装いをすれば、人からそう見られるようになります。さらに、それを続けていると、そのイメージがあなたの「気」になります。「衣」は、**あなたのイメージを形づくるだけでなく、あなたのもつ「気」をも変えられる最強のツールなのです。**

ところが、多くの人は、あまりそのことを意識していません。そのため、ただ何となく「着たい服」「似合う服」を着ている人がほとんどです。毎日着る服を意識して選ぶだけでほしい運が手に入るのに、それは、とてももったいないこと。今からでも遅くはありません。すぐに自分の装いを見直してみましょう。ポイントは、出会いがほしいなら出会いたい相手の目に留まるようなファッションにする、人に好かれたいなら好感度の高い見た目をつくる、というように、**「ほしい運」と「装い」を一致させる**こと。出会い運がほしいのにいい人に出会えないという人は特に、これを実践するだけで風が吹き始める可能性がぐんと高まります。

「見た目より中身」はウソ？ ホント？

よく、「見た目より中身が大事」などと言う人がいますが、本当にそうでしょうか？

もちろん、見た目より中身のほうが重視される場合もあるかもしれませんが、それは「見た目も大事、中身はもっと大事」という意味であって、「見た目なんてどうでもいい」ということではありません。

とりわけ、**出会い運や恋愛運、人間関係運など、対人関係の運気においては、「見た目」が勝負**。シンデレラのお話を思い出してみてください。お城の舞踏会で王子様が彼女を見そめたのは、彼女が魔女に贈られたドレスで美しく着飾っていたからです。もし、**魔法のドレスではなく、灰だらけの服を着ていたら、そんなラッキーな出来事は起こらなかった**ですよね。

皆さんも、初対面の人に会ったときは、まず服装や髪型などの「見た目」でその人の人となりを判断しませんか？　それは、人が味覚、嗅覚、聴覚といった感覚でものをとらえる生き物だからです。ところが、人の「中身」は目には見えません。どんなに内面を磨き上げても、それを「見せる」ことは不可能なのです。

そもそも、恋愛に限っていえば、相手に自分の中身を見てもらえる段階までいけば、もう8割は成功したようなもの。逆に言えば、見た目で相手から好感をもたれなければ、それで終わりなのです。

もう皆さんもおわかりでしょう。「見た目より中身が大事」なんてことは決してありません。内面を磨くことはもちろん大切、でも、それを見てもらいたいなら、まずは見た目を磨かなければならないのです。

「私なんて美人じゃないし、磨いてもたかが知れている」という人もいますが、「今の自分よりきれいな自分」を作ることは、誰にでもできます。生まれ持った顔かたちがどうであれ、見た目はメイクやファッションでいくらでも変えられるからです。運を変えたいなら、まずは**自分の見た目をよりきれいに、より魅力的にアップグレードする**ことから始めましょう。

「ありのままの自分」のままでは、運はやってこない

セミナーなどで、恋愛や出会いについてお話しすると、「自分らしさを失いたくない」「ありのままの私を好きになってくれる人と出会いたい」……そんな言葉が返ってくることがあります。たとえば、ふんわりしたワンピースを着たり、髪の毛を巻いたりするのは、「私らしくないからしたくない」「そんなことをしなくても、ありのままの私を好きだと言ってくれる人がいるはず」というように。

でも、「ありのままの私を愛してくれる人がいるはず」とは、言い換えれば「何の努力もしなくても私を愛してくれる人がいるはず」ということです。つまり、「自分にはそれだけの魅力がある、だから何もしなくていいんだ」と言っているのと同じです。
私からすれば、それはずいぶん傲慢な考え方のように思えます。

そもそも、「ありのままの私」とは、どんな「私」なのでしょうか。「ありのまま」とは「何も飾らない、素のままの私」。つまり、ボサボサの髪ですっぴん、スウェットやジャージを着て、寝転がってテレビを観ている、それが「ありのままの私」な人も多いのでは？　そんなあなたをいきなり愛してくれる人が、本当にいると思いますか？とてもそうは思えません。そう思えないからこそ、人に会うときはきちんとメイクをしておしゃれをし、自分をきれいに見せようとするのです。**誰かに好感をもってもらいたい、愛されたいと思うなら、それにふさわしい自分を作る努力をする**、それは当たり前のことです。その努力から逃げていたら、何年かかってもあなたを愛してくれる人は現れないでしょう。

出会いに限らず、運というのは自分から取りに行くものです。誰かに愛されたかったら、「ありのままが一番」などという言葉で自分をごまかさず、愛されるにふさわしい自分を作っていきましょう。

流行遅れの服はあらゆる出会いを遠ざけます

「トレンドなんて気にしない。自分が好きなものを着ればいい」――そんな意見をときどき耳にします。一見もっともなように聞こえるかもしれませんが、この考え方は運気ダウンのもと。

流行遅れの服を着ていると、「時」の運に遅れ、チャンスやタイミングに弱い人になってしまいます。これは「縁」においては致命的。「縁」というと、恋愛に関係することばかり考えがちですが、「縁」の気は、あらゆる物事や人とあなたをつなぐもの。人間関係運も金運も、人やお金と「出会う」ことから始まりますし、自分の身の上に楽しいことやうれしいことが起こるのも、そういう出来事との出会いがあってこそ。タイミングが悪い人になると、こういった出会いのタイミングがことごとく合わなくなり、「あらゆるものに出会えない人」、つまり運がこない人になってしまいます。ト

レンドに背を向けるのは運に背を向けるのと同じことなのです。

もちろん、いい服をきちんと手入れしつつ長く着続けることは、決して悪いことではありません。ただ、どんなにいい服でも、古くなれば気が重くなり、それを着ていると縁がまわってきづらくなります。そのことを念頭に置きつつ、古い服を着るときは、トレンドのバッグや小物と合わせる、メイクを流行のスタイルにするなど、新しい「時」を取り入れて風を立たせる工夫が必要なのです。また、クローゼットの中身は定期的に見直しを。定番のアイテムもトレンドに合わせて丈や形が変わっていきますから、こまめにアップデートしていきましょう。

色のパワーは自然の力。味方につけて使いこなして

「衣」には、服の形や素材、トレンドなど、さまざまな要素がありますが、なかでもぜひ意識してほしいのが、色。たとえば赤は「火」の気、ブラウンは「土」の気というように、それぞれの色には自然界がもつ「気」が込められています。色を身にまとうということは、その気を身にまとうということなのです。

着回しが利くからといって、モノトーンの服やベーシックカラーの服しか着ないという人も見かけますが、身につける色が少ないと、もらえる運も少なくなってしまいます。もちろん、嫌いな色を我慢して身につける必要はありませんが、「この色しか着ない」などと決めつけず、**できるだけいろいろな色を身につける**ことで、それぞれの色のもつ運気を体内に吸収することができます。

また、それぞれの色のもつ意味とパワーを知っておくと、シチュエーションに合っ

た色を身につけることで、色のサポートを受けることができます。ここでは、その代表例をご紹介しておきましょう。ほかの色についても知りたいという方は、12〜16ページを参照してください。

Column

こんなときにはこの色を

「初めまして」には …………　白

初対面の人と会うとき、入学式や初出社など、新しい環境で初日を迎えるときは、トップスを白に。クリアな人に見えるうえ、好感度もアップします。制服など着るものが決められている場合は、下着を白に。

いいことがあったときには …… 黒

黒はよくも悪くも、「そのときの状態」を際立たせる色。コンディションが悪いときやいやなことがあったときに身につけると、状況の悪化を招きます。身につけるならいいことが起こったときに。また、黒には「隠す」という象意があるので、出会いがほしい人はあまり頻繁に身につけないほうがいいでしょう。

尊重してほしいときには …… 紫

紫は高貴さを表す色なので、身につけていると、人に丁重に扱われ、引き立てられやすくなります。軽々しく扱われたくない集まりに出るときなどに身につけると効果的。

試験や勝負ごとのときには …… 赤

赤は「火」の気が強いので、試験や勝負ごとなどに「勝ちたい」ときにおすすめの色。なお、男性の前で女性が身につけると敬遠されやすくなるので、初めてのデートなどでは避けたほうがいいでしょう。

おしゃれは習慣。最初は下手でも、続ければ上達します

「私にはセンスがないから」「何を着てもおしゃれに見えない」という人がいますが、最初からおしゃれな人はいません。**おしゃれのセンスを磨きたいなら、まずは習慣づけることが**大切。

歯磨きや食事と同じように、「毎日必ずするもの」と決めて続ければ、そのうちそれが習慣になります。ジュエリーをつけたり、明るい色のアイテムを身につけたりするのも同じこと。毎日の習慣にしてしまえば、経験を重ねることで少しずつ上達していくものです。

服の選び方がわからないという人は、ファッションビルなどで自分が好きなテイストの服を置いている店を探し、そこで全身コーディネートしてもらいましょう。ファッション雑誌を見て、「いいな」と思った服装を真似してみるのもいいですね。センスのある人のコーディネートをそのまま真似することから始めれば、そのうち自分でもいい組み合わせが考えられるようになるはずです。

いつも同じような服ばかり選んでしまう人は、定額制のレンタルサービスを利用してみるのも手です。自分では選ばないような服にチャレンジできるので、装いの幅が広がります。

また、「おしゃれなんて必要ない」「興味がない」という人もいますが、自分の見た目を整えることは、人に不快感を与えないためのマナーでもあります。家の中で過ごしている分には、どんな格好をしていても問題ありませんが、**人に会うときや外出するときは、TPOに合わせてきちんと身なりを整えましょう。そうでないと運にも嫌われてしまいます。**

出会い運を上げるファッションのポイントは「風」

この章の初めに、ファッションで大切なのは、「ほしい運」と「装い」を一致させることだというお話をしましたが、特に**出会い運がほしい女性はぜひこれを実践してほしい**と思います。というのも、「見る」という行為は「火」に属するため、存在自体が「火」である男性は、女性以上に「見た目」の印象に左右されやすいからです。

出会い運アップに効果的なファッションは、ひと言で言えば「かわいい」スタイル。アイテムでいえば、Ａラインのワンピースやフレアスカート、リボン付きのニットなど、かわいらしいものがおすすめです。出会いを呼ぶ「風」の気は下から入ってくるので、**ボトムスは風をはらみやすいスカートやワンピースがベスト**。パンツならワイドパンツやキュロットなど、裾が広がっているものを選びましょう。スキニーパンツなど足にぴったりフィットするものは避けて。また、パンツばかりはかず、ときどきはスカートやワンピースも着るようにしてください。

トップスはレースやリボンなどをあしらった甘めのデザインのものがおすすめ。ドルマンスリーブや、ギャザーやフリル感のあるペプラムデザインなど、袖口や裾が広がっているとなおいいですね。ストールやスカーフなどの巻きものも風を呼び込んでくれます。

アクセサリーも「風」を意識して。ピアスやイヤリングは耳にぴったりフィットするものより、**チャームがぶら下がって揺れるタイプ**を選ぶと風が起こりやすくなります。ブレスレットやブレスウォッチもラッキーアイテムです。

また、持ち歩くバッグが重いと風に乗れなくなります。本革のクラシカルなバッグは素敵ですが、重いものはできるだけ避けて。中身もできるだけ軽量化し、**軽やかに持ち歩けるようにに**しましょう。

年をとったら「陽」の色を身につけ、眉のアップデートを

　人は年齢を重ねると、「陰」の気が強くなってきます。年をとったからといって地味な服装をしていると、ますます「陰」が強くなるばかり。陰陽のバランスをとるためにも、**年を重ねた人ほど明るい「陽」の色を身につける**ように心がけてください。とはいえ、鮮やかすぎる色は「陽」の気が強すぎて吸収しきれず、逆にバランスを崩す可能性があるので要注意。パステルイエロー、ライラックパープル、モーブピンクなど、**明るくかわいらしい色**がおすすめです。

　また、上質なカシミアのストールや本物のジュエリーなどは、年齢を重ねた人を品よく見せてくれるグレードアップアイテム。プチプラのアイテムを取り入れる場合も、そういった**上質なものと合わせて品よく**着こなしましょう。ただし、無理をしてハイブランドのバッグなどを持つ必要はありません。自分に必要なものだけを取捨選択し

て身につけるようにしましょう。

ボディケア、スキンケアのポイントは「保湿」。肌や髪に潤い、ツヤがなくなると老けて見えやすくなります。とりわけ髪は女性の象徴なので、コシやボリュームがなくなってきたら、カールさせる、根元を立たせるなどして、**なるべく豊かに見せる工夫**をしましょう。なお、最近流行りのあえて白髪を染めない「グレイヘア」はあまりおすすめできません。というのも、白髪はきちんとケアをしてツヤを保ったり、こまめにカットしてスタイルを整えたりしないときれいには見えないもの。誰にでもできるものではないのです。**グレイヘアは、よほどの美人か、髪の手入れに時間と手間をかけられる人だけの特権**だと思っておいたほうがいいでしょう。

メイクのポイントは眉とアイメイク。人は、自分がいちばん輝いていた時代の眉メイクがベストだと思いがちですが、眉が流行とずれていると、あなた自身の「時」もずれてしまいます。最新のコスメを買うより、まずは眉のアップデートを。また髪をブラウンにカラーリングしているのに、眉は真っ黒という人もときどき見かけます。**髪と眉の色は必ず合わせる**ようにしましょう。

インナー&パジャマは「デザイン」「素材感」を重視して

「水」の気をもつ女性は、肌にふれたものから直接運気を吸収します。なかでもインナーはあなたの潜在的なイメージを表すアイテム。飾り気のないミニマムなものばかり身につけていると、それがあなたのイメージになってしまいます。レース付きやリボンをあしらったものなど、**見た目がかわいらしく、「これが私の容姿になってもいい」と思えるもの**を選びましょう。

透けにくいからといってモカ色やベージュの下着ばかり身につけるのもNG。茶系の色は「土」の色なので、そればかりつけているとどんどん見た目が老け込んでしまいます。**ベージュの下着は透けるトップスやボトムスを着るときだけ**つけるようにしましょう。

また、誰からも見られないからといって、古くなったインナーをずるずる使い続けていると、あなた自身が「古くてよれよれの人」というイメージで見られてしまいます。1年に1回は総点検して、**着古した感じになっているもの、型崩れしたものは買い替える**ようにしましょう。

ちなみに、インナーはブラとショーツ、あるいはキャミソールとショーツを**セットアップで身につけるのが基本ルール**です。ただし、バストアップ効果のあるブラをつけたいなど、明確な目的がある場合は上下バラバラのデザインでもかまいません。

さらに、眠るときに着る**パジャマも、インナー同様、容姿に影響を与える**アイテム。高価でなくてもいいので、デザインが素敵なもの、おしゃれなものを身につけましょう。くれぐれも着古したスウェットをそのまま寝間着にしたりしないこと。素材は、オーガニックコットンやガーゼ、シルクなど、上質で肌触りのいい天然素材がおすすめです。フリースなど化繊のウェアは「火」の気が強いので、寝間着には不向き。また、パジャマと部屋着は兼用せず、必ず分けるようにしましょう。

男性の身だしなみは「さわやかさ」「トレンド」がカギ

日本では、ファッションに気を使うのは女性のすることで、男性は見た目には無頓着でも許されるという風潮がありますが、それは間違い。少なくとも、仕事で成功したい、社会的な地位を上げたいと考えているなら、身につけるものに気を配り、TPOに合わせたおしゃれができるようになる必要があります。

男性の場合、存在そのものが「火」なので、「水」である女性とはファッションに関するポイントが少し異なります。**男性の身だしなみでいちばん大切なのは、さわやかさと清潔感**。さわやかに見せることで、男性がもともともっている「火」の気がよい方向に循環しやすくなるのです。とりわけ頭部は「火」の気が強い場所なので、常に清潔かつさわやかに。ヘアスプレーなどの整髪料は、化学的な成分（＝「火」の気）が含まれているため、なるべく使わないようにしたいところです。もし使うなら天然由来成分を使用した軽い質感のものを選び、つけすぎないようにしましょう。

また、余計な皮脂は悪い「火」の気を増幅させるので、オイリー肌の人はあぶらとり紙などでこまめに皮脂をオフして。


トレンドに常に敏感であることも運気アップの秘訣です。男性の場合、定番アイテムであるジャケットの形やパンツの丈にトレンドが反映されやすいので、こういったアイテムこそ、こまめにアップデートを。靴も同じものを長く履くより、**トレンドに合わせて買い替えたほうが運気アップ**には効果的です。

また、男性は首の後ろから気を吸収し、手元で発展させていく性質があるので、**襟と袖口だけは常にピシッとさせておく**ようにしましょう。形状記憶タイプのシャツを選べば、アイロンがけの手間が省けます。

小物で気を配ってほしいのは時計。スマートフォンを時計代わりにする人も多いですが、男性の時計はステータスを表しますので、グレードの高いものを身につけるように心がけましょう。スマートウォッチを使う場合は、プライベートではスマートウォッチ、ビジネスではグレードの高い時計というようにTPOに合わせて使い分けを。

ジュエリーは運のパートナー

ジュエリーは、五行では「金」に属し、身につけたり手元に置いたりすることで、運にプラスアルファの力を与えてくれるパワーアイテム。**ジュエリーを毎日身につけている人とそうでない人とでは、運気の上がり方が大きく違ってきます**。

また、身につけるだけでその人の**ステータスを上げてくれる効果**も。たとえば高級レストランやハイブランドのショップなど、ハードルが高い場所に出かけるときにジュエリーを身につけていくと、あなたをその場所にふさわしい人に見せてくれます。それだけではなく、日常的につけていれば実際のステータスや地位もアップ。ジュエリーはあなたのグレードを上げてくれるアイテムなのです。

ジュエリーのいちばんの特徴は、まるで生き物であるかのように、**持ち主の感情や気に呼応する**ということ。あなたがジュエリーをパートナーとして適切に扱い、きちんとケアをすればそれに応えて力を貸してくれますし、逆に乱暴な扱いをしたり、無茶な願かけをしたりすると、色がくすんだり割れたりすることもあります。ですから、身につけるときは、それぞれのジュエリーの性質や特徴を知ったうえで、自分の望みやほしい運に合ったものを選び、きちんとルールを守って使うようにしましょう。

Column

ジュエリーの
買い方&使い方ルール

1　自分のコンディションがいいときに買う

ジュエリーを買いに行くときは体調やコンディションがいいときに。調子が悪いときにジュエリーを選ぶと、同じようにコンディションのよくない石と「気が合って」しまいます。これは実店舗でもネットショッピングでも同じです。

2　使い始めに浄化し、9日間身につける

ジュエリーは使う前に必ず浄化しましょう(225ページ参照)。浄化から9日間は毎日石を身につけ、何回も手でふれて石と波長を合わせます。この期間内はほかの人に石をさわらせないこと。

3　使わないときは休ませる

ジュエリーは長く身につけるとその分だけ気を消耗します。同じものを何日も連続で身につけるのは避け、使わないときは暗い場所（ふた付きのアクセサリーボックスなど）でゆっくり休ませましょう。石の輝きが鈍ったように感じるときは、土や砂の上に置いて休ませるのも効果的です。

4　ジュエリーに依存しない

持ち主としての自覚をもち、主体的にジュエリーを扱いましょう。「自分が何もしなくても石が何とかしてくれるはず」というような考え方はNG。また、「この石さえ身につければ結婚できる」などと過大な期待をかけたり、かないそうもない願かけをしたりするのも、石の負担になります。

ほしい運別・おすすめジュエリー

人に個性があるように、ジュエリーのもつ力も種類によって異なります。
自分が好きな石を選ぶのが基本ですが、ほしい運がある人は、
その運が得意な石を選ぶと、より願いがかないやすくなります。

出会い運

インカローズ

出会いから恋愛を経て結婚、というようにプロセスを追って縁を深めてくれる石。かわいらしいデザインのものを選ぶのがコツ。

ピンクトルマリン

トルマリンは電波のような強い「火」の波動をもつ石。チャンスや偶然の出会いを呼び込んでくれます。ピンクトルマリンは男性との出会いがほしい女性に◎。

フローライト

恋愛だけでなく、さまざまな出会いやチャンスをもたらしてくれる石。願かけ石として使うなら、「素敵な男性と出会いたい」のような瞬発的な願いをかけて。

ペリドット

強い「風」の気をもつ「出会い石」。恋愛につながる出会いだけでなく、さまざまな出会いを引き寄せ、人間関係を広げてくれます。指先や手首につけるとより効果的。

恋愛&結婚運

パール

女性にとっての万能石。女性のもつあらゆる力を引き出し、実物以上に輝かせてくれます。血縁関係のある人からもらうとより強い力を発揮するという特徴も。

淡水パール

海から産出するパールより「水」の気が強く、愛情運アップに効果的。また、かわいらしさを高めてくれるほか、加齢によって失われるみずみずしさを補ってくれる効果も。

ムーンストーン

月の満ち欠けによって異なる運気をもつ「変化」の石。月が満ちていくときは愛情や豊かさを、欠けていくときは直観力やインスピレーションを与えてくれます。

ローズクォーツ

恋愛や愛情に関するストレスを浄化するとともに、欠けている愛情を補ってくれる石。恋愛できない体質を改善し、心もお金も満たされるような環境をつくってくれます。

コーラル

女性のもつ潜在的な力を引き出し、全般的に運気を上げてくれます。特に縁をまとめる力が強いので、結婚運アップに効果的。家庭円満、子宝運にも◎。

マザーオブパール

母親のように「生み出す」「与える」運気が大。特に結婚運、子宝運にかけては随一です。また持ち主が人から愛情を受けられるように導く作用もあります。

浄化

アメシスト

強い清浄化作用をもち、あらゆる毒を消し去って運気の再生を促してくれます。毒を流したあと、ひとつ上のステージに上げてくれるステータスアップ効果も。

クオーツ

浄化、魔除けに万能の力を発揮する石。悪いものから身を守るとともに、ネガティブなもの、悪いものをすべて消し去ってくれます。落ち込んだときや元気を出したいときにも効果的。

衣
Clothing

金運&ステータスアップ

ダイヤモンド

強い「金」の気をもつ石。金銭的な豊かさだけでなく、ステータスや地位、人としてのクオリティまで高めてくれます。チャンスを呼び込む力、魔除けの力も。

トパーズ

金回りをよくし、楽しく使えるお金を増やしてくれるほか、「金」の気から生じる悪い気をクリアにしてくれます。笑顔をもたらし、場を和やかにしてくれる効果も。

シトリン

楽しみごとや豊かさをもたらすとともに、循環力を高めて「金」の気の流れをスムーズにしてくれます。商売繁盛にも効果があるほか、リンパの流れをよくするので健康運アップにも。

ジェダイト(翡翠《ひすい》)

現実的な願いをひとつだけかなえてくれる力があり、特にお金に関する願いごとが得意。お金にまつわる悪い気、環境の中に潜む悪い気を消してくれる浄化作用も。

サファイヤ

ステータスや財を表す「グレードの石」。身につけることで高貴さや気品が備わり、実際の地位やステータスもアップ。単なるお金持ちではなく、名実ともに地位と財を兼ね備えた人にしてくれます。

ルビー

強い「火」の気をもち、生命力やステータスなどあらゆるものを活性化させ、高めてくれます。代謝を上げてくれるのでダイエットにも効果的です。

願いをかなえたい

ラピスラズリ

願いをかなえるパワーはほかのどんな石より強力。凶事を避ける力もあるのでお守り石にもおすすめです。気むずかしく、人見知りなのでほかの石とは離して保管を。

ジュエリーの浄化方法

ジュエリーを使う前や、パワーが落ちてきた、輝きがなくなってきたと感じたときは浄化をしましょう。浄化方法はいくつかありますが、石の種類を問わずオールマイティに使えるのは煙による浄化法。パワーストーンショップなどで売られているホワイトセージの葉を燃やし、その煙で浄化します。簡単に済ませたいときはお香やお線香の煙でもＯＫ。

1

ステンレスか陶製のボウルに乾燥したホワイトセージの葉を入れる。

2

1の葉に火をつけ、火が出たらすぐに手であおぐか吹いて消す。

3

白い煙が出てきたら、そこに石をかざす。長時間かざす必要はなく、「浄化できた」と感じたら完了。

※ジュエリーの浄化は1～3カ月に1回くらいの頻度で、色のくすみや輝きのなさが気になったときに行います。また、悪いことが起こったり嫌な人に会ったりしたときも浄化を。ただし、浄化しすぎると石がため込んだよい気までなくなってしまうので気をつけて。

ネイルケアはあらゆる出会いを呼ぶ開運行動

手先や足先は、人の体のなかで最もよく動き、風を起こしてくれる部分。手先や爪をきちんとケアしていないと、風が止まり、あらゆる「縁」がやってこなくなってしまいます。「縁」というと恋愛に関わるものだけだと思いがちですが、**今のあなたの運はあらゆる出会いの上に成り立っているもの。**「縁」の気がないということは、運がないのと同じことです。

ネイルケアは、きちんと手入れをして磨いておくことが基本。そのうえで可能ならぜひネイルアートを。ほしい運に合わせた色やモチーフを取り入れることで、望む運がやってきやすくなります。仕事上の理由などでネイルができない人は、きれいに磨いてベースコートを塗るだけでもＯＫ。またペディキュアでネイルアートを楽しむのもおすすめですよ。

なお、手荒れがひどい、かさついているなど、手にコンプレックスがある人は、どうしても手を隠しがち。それではせっかくの風が止まってしまいます。手荒れやあかぎれがひどい場合は皮膚科で相談する、ハンドクリームを持ち歩いてこまめに保湿するなどして、**自信をもって人前に出せる手にしていきましょう。**

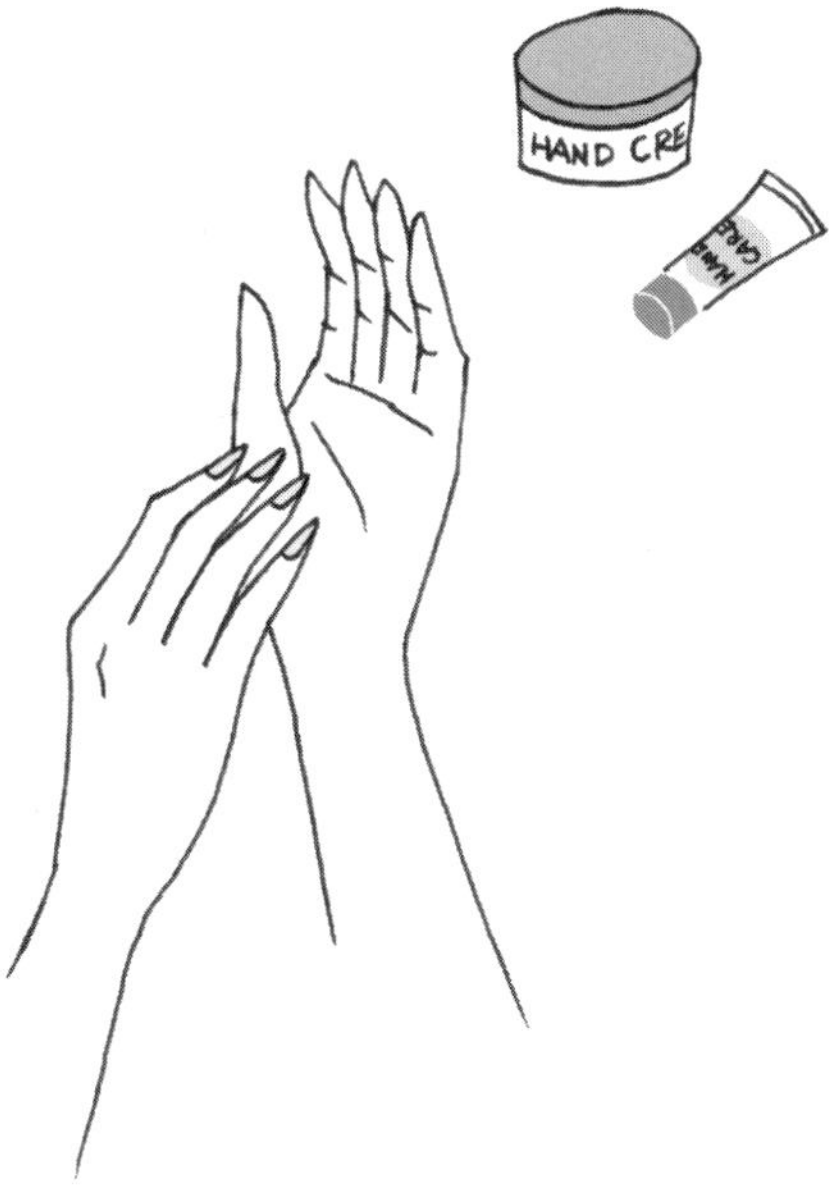

モチーフの運気

私たちが日頃、何気なく目にしているモチーフにも、それぞれ意味があります。自分のほしい運をもつモチーフをファッションやインテリアなど、自分の身近なものに取り入れれば、それだけで運気がグンと上がりますよ。

ストライプ

天と地をつなぐモチーフ。上下関係や礼節を表します。上司や部下との関係をよくしたいときに身につけると効果的。また、天へと引き上げてくれる力もあるので、出世運やステータス運がほしいときにもおすすめです。

ボーダー

横のつながりを深め、周囲との調和を引き出してくれるモチーフ。周囲から浮かない半面、突出した印象ももたれにくいので、特定の人に選ばれたいとき、目に留めてほしいときには不向き。

ドット（水玉）

「金」の気を表す丸い形がつらなったドットは、金運モチーフ。大きなドットは豊かさや楽しみごとをもたらします。小さいドットは「金」の気の循環を促すほか、気品を高めてくれる効果も。

チェック

「土」のモチーフ。土台を強化し、家庭運、結婚運、貯蓄運などをアップしてくれます。斜めにクロスするチェック柄は人間関係をスムーズにする効果が、ギンガムチェックは今の関係をよい方向に発展させてくれる効果があります。

ハート

運に変化をもたらし、気の循環を促してくれるモチーフ。インテリアに取り入れると空間の気がスムーズに回るようになります。女性が身につけると「水」の気の循環がよくなるので、健康運アップにも効果的。

リボン

ひらひらと風になびくリボンは、縁を呼び寄せてくれる力があります。とりわけリボンを結んだ形のモチーフは、自分と結ばれる人との縁を導いてくれるので、婚活中の人におすすめ。

花柄

女性の運気を全般的に上げてくれるモチーフ。小さな花を散らした小花柄は、小さな楽しみごとをもたらし、恋愛を充実させてくれる効果が、また花を束ねたブーケ柄は、絆を深めたい相手との縁を呼び込んでくれる効果があります。

星

強力な「光」「輝き」を表すモチーフ。異性との出会いはもちろんのこと、さまざまな運との出会いやチャンスを呼び込んでくれます。複数集まるとパワーが強まるので、色や大きさが異なるものを組み合わせて使うとより効果的。

三日月

「水」の気を象徴するモチーフ。「水」に力を与え、「水」のもつさまざまなパワーを強めてくれます。女性の魅力をアップしてくれるほか、環境によい変化をもたらしてくれる効果もあります。

アルファベット、数字

イニシャル、名前などは、その人自身を表す言霊。身につけることでその人の才能が引き出され、人目に留まりやすくなります。また、人には何かと縁のある数字があるもの。その数字を意識して身につけると、運命の力が強まります。

クロス

「火」のモチーフ。悪い気を浄化したり、リセットしたりしてくれます。宗教的な意味をもつ「十字架」として取り入れると、天から力をもらいやすくなる効果も。

スイーツ

ケーキ、パフェ、マカロン、キャンディなど、甘い食べ物はどれも「金」のモチーフ。お金や楽しみごとをもたらし、日々の生活をより豊かなものにしてくれます。また、今の自分に足りない運を補充してくれる効果も。

フルーツ

フルーツは実りの象徴。土壌を豊かにし、人生に実りをもたらしてくれます。フルーツの種類によって運気が異なり、いちごは出会い運、りんごは浄化と再生、チェリーはダイエットや美容運アップに効果的。

犬

グレードを高め、ひとつ上のステージへと押し上げてくれるモチーフ。インテリアに取り入れる場合は、玄関以外の場所に。玄関に置くとトラブルやケンカ、事故、ケガなど、悪い変化を呼び込んでしまうので気をつけて。

猫

「火」のモチーフ。美しさや華やかさをもたらすほか、気づきを与える力もあります。勉強運、ダイエット運、人気運などにも効果的。なお、猫のなかでも黒猫は別格。よい変化をもたらし、気をスムーズに循環させてくれます。

クマ

冬に冬眠するクマは「ためる」力をもつモチーフ。運をため込んでくれるほか、変化をもたらす力もあります。貯蓄運を上げたい人は小銭入れをクマモチーフにするのもおすすめ。

リス

木の実をため込むリスは、入ってきた金運を逃さず、蓄えてくれる力をもっています。かわいらしさもため込んでくれるので、女性の容姿をかわいらしく見せる効果も。

ハリネズミ

「土」の気を柔らかくしてくれるモチーフ。自分の中にかたく凝り固まっているものを、背中の鋭い針でほぐし、土壌の変化と拡張を促してくれます。土壌を豊かにし、地盤を広げる作用も。

第6章

動

運の始まりは「動く」こと

毎日の行動、人間関係、会話……心や体を動かすことはすべて「動」

この章では、衣食住動の「動」についてお話ししていきます。「動」というと、具体的にイメージしづらいかもしれませんが、どこかに出かける、誰かと会う、話す、考える、選ぶ、買い物をする、恋愛や結婚をする、仕事をする……というように、**人が「動く」ことはすべて「動」の気に属します**。もちろん、「食べる」「服を着る」「インテリアのテイストを決める」などもすべて「動」の気。体を動かすことだけでなく、心を動かすこともすべて「動」の気に含まれると考えてください。風水では、**体や心を動かすことで運の代謝が起こり、悪いものが流れて、いいものが増えていく**と考えます。運をよくしたいと思うなら、「動」の気は常に鍛えておかなくてはならないのです。

本書では、「動」に含まれる要素のうち、言霊《ことだま》や考え方については2章で、衣食住それぞれについては3〜5章でふれていますので、この章ではおもに人間関係や出会い、旅行、お金についてお話ししていこうと思います。

特に**「出会い」は、「動」のなかでは最も重要な運気**です。「出会い」というと恋愛につながる関係を思い浮かべる人が多いかもしれませんが、ここで言う「出会い」は、恋愛だけでなく、あらゆる人、モノ、事柄との出会いを意味しています。私たちの毎日は、何かと「出会う」ことで成り立っています。つまり、どんなものと出会うかによって、運は大きく変わってくるのです。自分にとって有益な何かをもたらしてくれる人やモノ、事柄との出会いを引き寄せることができるかどうか、それが運のいい人とそうでない人の違いだと言ってもいいでしょう。そういう**「最強の出会い運をもった人」のことを、風水では「風使い」と呼びます**。「風」の気を操れるようになると、人間関係だけでなく、仕事やお金など、あらゆるものとの出会いに恵まれるようになるので、どんな運も思いのまま。もちろん、ほしい運がある人はその運とも出会いやすくなります。そういう意味で「風使い」は最強の運気をもつのです。

出会いを呼び込む「風」の気は、動くことによって起こり、鍛えれば鍛えるほど強くなります。次のページで風使いになるためのポイントをご紹介していますので、ぜひ皆さんも実践してみてくださいね。

「風使い」になるために心がけたい7つのポイント

POINT 1

風に当たる、風を感じる

1日に1回は窓を開け、家中に風を通しましょう。外に出て風に当たるのも効果的。身につけるものもぴったりしたスキニーパンツ、タイトスカートなどは避け、フレアスカートやワイドパンツなど、風をはらむものを選びましょう。

POINT 2

環境を変える

風の気は変化から生じます。部屋の模様替えをする、カーテンやカーペットを替える、食器を買い替えるなど、何かひとつでいいので、自分の環境を変えてみましょう。朝食のメニューを日替わりにしたり、スキンケアの手順を変えたりするのも◎。

POINT 3

喜怒哀楽の変化を体感する

泣ける映画を見たあとに、思いきり笑えるコント番組を見るなど、感情や心がめまぐるしく動くような体験を。いろいろな感情を体感し、それに応じて心のスイッチを切り替えていけるようになると、風の気が動きやすくなります。

POINT 4

ファッション、髪型、立ち寄る場所などに変化を取り入れる

いつもパンツスタイルなら、週に1回はスカートをはいてみる、下ろしている髪をアップにする、いつもと違うスーパーに寄ってみるなど、いつもと違うことをやってみましょう。日常のちょっとした変化が風を呼び込みます。

POINT 5

香りを身につける

香りは出会いを呼び込む最強のツール。出かけるときに身につけるほか、アトマイザーなどに香水を入れて持ち歩くのもおすすめです。リネンスプレーなどで衣類に香りをつけるのも◎。ただし、人に不快感を与えるような強すぎる香りは絶対NG。

POINT 6

季節の移り変わりに敏感になる

季節の移り変わりも「変化」のひとつ。お花見や紅葉狩りに出かける、季節の雑貨を飾るなど、季節感の感じられる生活を心がけましょう。春は桜モチーフの食器、夏はガラスの食器を使うなど、季節によって食器を変えるのもおすすめです。

POINT 7

五味をバランスよくとる

「酸《さん》・甘《かん》・辛《しん》・苦《く》・鹹《かん》」の5つの味をバランスよくとりましょう。どれかが欠けていると風が生じにくくなります（五味については178〜179ページでより詳しくご紹介しています）。

動
Action

風に乗るためには、心も体も軽やかに

風が運べるのは軽いものだけ。心や体、考え方が重たい人は風に乗ることができません。最近いいことがない、自分が望む縁に出会えない、という人は、もしかしたら自分の環境のどこかに「重さ」があるのかもしれません。インテリアや身につけるものなどを見直し、**態度や考え方もできるだけ軽くする**ように心がけてみましょう。

インテリア、収納

着ない服や使わない家電、期限切れの食品などは処分し、家の中をすっきりさせましょう。インテリアにダークトーンを多用するのもやめ、明るくライトな雰囲気に。

ファッション、持ち物

分厚いニットやぞろりと長いロングスカートなどは、見る人に「重たい」印象を与えます。できるだけ軽やかに見えるような素材、色を身につけるようにしましょう。バッグもなるべく軽いものを選んで。化粧直し用のコスメは会社のロッカーに入れておく、折りたたみ傘はコンパクトで軽いものを選ぶなど、中身も軽量化を。

髪型、メイク

ストレートのロングヘア、厚い前髪などは、重たく見えるので避けて。長い髪の人は明るめのブラウンカラーにする、毛先を巻くなどして、軽みを出しましょう。メイクもあまりガッツリ作り込むより、ナチュラルメイクで軽やかに。

態度、考え方

「また今度」「今はいいや」などと先延ばしにせず、何事も思いついたらすぐにやってみるくらいの腰の軽さを身につけましょう。ネガティブなことばかり考えるのもNG。常に上を向き、ポジティブに物事をとらえるように心がけて。また、「どうしても○○でなくちゃ」「絶対無理」というような頑なな心も、運にとっては重荷になります。固定観念にとらわれない、フレキシブルな考え方を身につけましょう。婚活中の人は、結婚にこだわりすぎないこと。「初めまして、結婚してください」という態度では、相手の重荷になり、かえって敬遠されてしまいます。

「今のままでいい」はNG。常に新しいものにチャレンジを

風というのは、常に動いているもの。ですから、動かない人、変化を嫌う人のもとには風は生じません。たとえ今がどんなに幸せであっても、「変わりたくない」「今のままでいいや」などと考えるのはやめましょう。今の環境が心地よいなら、それを**さらによくするにはどうすればいいかを考えて。常に動き続け、変化し続ける**ことが風を止めない秘訣です。

また、常に新しいもの、未知のものに対する好奇心をもち、それを自分の中に取り込んでいく努力を怠らないようにしましょう。「新しいものは難しくてわからない」「今のままで困っていないからいいわ」という「現状維持」のマインドでは、新しい風は吹いてきません。新しい習い事を始める、スマホを新しい機種にする、行ったこと

のない場所や入ったことのない店に行ってみる、食べたことのない料理を食べてみるなど、どんなことでもいいのです。新しいことにひとつふれるたびに、重たい気が払われ、新しい風が吹き始めますよ。

新しいものや未知のものに対する好奇心をもつことは、自分の運の土壌を広げることにもつながります。風水では運のベースは「土」であり、自在に伸縮すると考えられています。今の自分の領土に縮こまって生きるのではなく、どんどん領土を広げ、未知のものを取り込んでいくことで、運も可能性もどんどん広がっていくのです。

知らない場所や外国に出かけるのもいいのですが、気軽に旅行に出かけられないときは、ネット配信で外国のニュースやテレビ番組を見てみる、なじみのない国の映画を見てみるなど、家の中でできることがおすすめ。珍しい外国料理を食べてみたり、自分で作ってみたりするのもいいですし、オンラインで外国語レッスンを受けたりするのも◎。「出かけられないから無理」とあきらめるのではなく、**今の環境で自分にできること**をひとつでもやってみましょう。

人間関係を変えたいなら、まず自分が変わりましょう

今の人間関係に不満がある人は、まず自分自身を振り返ってみましょう。自分の周りにはつまらない人しかいない、一緒にいても楽しくない人ばかり、と思うなら、それはあなた自身がそういう人間だからです。人には「同質結集」という性質があり、同じ性質をもった人同士が親しくなりやすいという傾向があります。もし、素敵な人に出会いたいとか、信頼できる友人がほしいと願っているなら、まず自分自身が誰かからそう思われる存在になりましょう。**あなた自身が「素敵な人」になれば、自然に周囲にも素敵な人が集まってくる**ようになります。

そもそも、人間関係はお互いに与えたり与えられたりすることで成り立つもの。どちらかが与えるだけ、もう片方はそれをもらうだけ、という一方通行の関係は、長くは続きません。人間関係に恵まれる人というのは、相手からもらうだけでなく、自分

も相手に与える何かをもっている人です。いい人間関係を作りたいなら、相手に幸せにしてもらおう、あるいは相手に楽しませてもらおうと考えるのではなく、どうすれば自分が相手を幸せにできるのか、**どうすれば相手が楽しんでくれるのか**を考えましょう。

また、ひとつの関係に固執しないことも大切です。職場での人間関係、子どもがらみの付き合いなどは、いわば一時的な関係。もし、「この人とは合わない」と感じたら、無理に親しくしようとせず、一定の距離を置いて付き合えばいいのです。たとえうまくいかない相手がいたとしても、今の関係が一生続くわけではありません。自分や相手が異動したり、子どもが成長して進級したり進学したりすれば会わなくなるのですから。**今の関係に行き詰まっているなら、新たな出会いを見つけましょう**。そのためにも風は止めないこと。常に上を向き、新しいもの、新しいことを積極的に取り込むように心がけていれば、必ず次の出会いがあるはずです。

あなたの人間関係を形づくっているのは、ほかでもないあなた自身。自分の価値をしっかりと見定め、それをより高める努力をしつつ、誠実に人と向き合っていれば、きっとそれにふさわしい人間関係が築けますよ。

香りは出会いを呼ぶ強力な開運ツール

本書の234〜235ページ（「風使い」になるために心がけたい7つのポイント）でもお話ししていますが、出会いを呼び込むために欠かせないのが香りです。風に乗って広がる香りは、いわば縁を招き寄せるための「エサ」。**いい縁がほしかったら、常にいい香りを身にまとう**ようにしましょう。香りはできるだけ天然のものを。化学的な香りは悪い「風の気」を呼び込みます。

香りは大地の気と共に吸収することで、香りのもつ運気がより定着しやすくなるので、足首やスカートの裾など地面に近い場所につけるとより効果的。即効で運気を得たいときは、ほんの少量髪につけるのもおすすめです。香水だけではなく、香り付きのネイルオイルを指先につける、好みの香りのハンドクリームをこまめに塗るなど、香りを発するものならどんなものでもかまいません。

ただし、レストランやお寿司屋さんで食事をするときなど、香りを身につけることがマナー違反になる場合もあります。また、満員電車のようにほかの人との密着度が高い場所で強い香水をつけるのも考えもの。たとえ自分では気に入っている香りであっても、他人にとっては不快に感じられることもあります。香りの強さは運の強さと比例するわけではないので、**つけすぎにはくれぐれも注意し、TPOをわきまえて身につける**ようにしてください。

また、いい香りはいい縁を呼び込んでくれますが、その逆もまたしかり。つまり、悪臭を漂わせていると、悪い縁が寄ってきてしまうのです。口臭や汗、タバコの臭いなど、**他人を不快にさせるようなにおいにはくれぐれも注意**しましょう。

自分が身につける香りだけでなく、家の中のにおいも同様です。生ゴミやペットのにおい、かび臭さなど、家の中に不快なにおいが漂っていると、その家に住む人全員の運気が落ちてしまいます。ゴミ箱はふた付きのものにしてこまめに捨てる、トイレやペットスペースの消臭をしっかり行うなどして、**悪臭が発生しないように**気を配りましょう。

代表的な香りとその風水的効能

オレンジ

- 気持ちを明るくしてくれる
- 物事をマイナスに
  考えるクセを直してくれる。
- 出会いをもたらし、
  人間関係を良好にしてくれる

グレープ
フルーツ

- 気持ちを明るくし、
  幸福感を与えてくれる
- 若さや発展の運気を与えてくれる
- やる気をもたらし、
  運気を活性化してくれる
- ダイエット運アップ
- 仕事の流れを
  スムーズにしてくれる

レモン

- リフレッシュ効果
- 仕事に関わる
  よい出会いをもたらしてくれる
- 金運を活性化

マンダリン

- 心を明るくし、
気分をリフレッシュさせる
- 周囲に人を集めてくれる。
男女を問わず出会い運アップに
効果的

ジャスミン

- 女性の運気を豊かにしてくれる
- 恋愛体質づくりに効果的
- 金運アップ、
容姿を美しくする効果も

ユーカリ

- 頭脳を明晰にし、
集中力を高めてくれる
- 悪運を清浄化してくれる
- やる気アップ、健康運アップ

ラベンダー

- 心身のリラクゼーション
- 金運アップ、
特に無駄遣いなどお金に関する
ルーズさを解消してくれる
- 清浄化作用も

ゼラニウム

- 運気を活性化し、
恋愛運を発展させてくれる
- 悪運リセット効果も

カモミール

- リラクゼーション効果があり、不眠症にも効く
- 心を豊かに、優しくしてくれる
- 女性の容姿をかわいらしく、きれいにしてくれる。
- 金運やステータスアップ

ペパーミント

- リフレッシュ効果
- 行動力を与え、運気を発展させてくれる
- 空間を活性化してくれる

ベルガモット

- 自分にとって必要な出会いをもたらしてくれる
- 恋愛や人間関係を活性化

レモングラス

- やる気アップ、運気の活性化
- 日常によい変化を与えてくれる
- 若返り

ローズウッド

- 疲れを癒し、やる気アップ
- 行動力をもたらしてくれる

ローズマリー

- 仕事のやる気アップ、直感力アップ
- 理想の自分へと導いてくれる

イランイラン

- リラックス効果
- 自信を復活させる効果がある
- 愛情を復活させる。
  健康を取り戻す効果も

サンダルウッド
（白檀）

- リラックス効果
- 体内にたまった悪運を浄化してくれる
- 水毒を取り去る効果も

即効で運気を上げたいなら、「旅行」が最強！

「動」のなかで、最強の開運方法といえば、何といっても旅行。旅行＝レジャーと思われがちですが、じつはこれこそ、**数ある開運術のなかで、最も確実に効果が実感できる開運方法**なのです。

旅行風水の基本は、よその土地、つまり自分が住んでいるエリア外の土地に出かけ、その土地の気を自分の中に取り込むこと。遠くに行けば行くほど、またその土地で過ごす時間が長ければ長いほど、開運効果がアップします。

また、**定期的に旅行に出かけると、運の新陳代謝もよくなる**ため、より運が上がりやすい体質になります。

旅行風水のいいところは、効果がスピーディーに表れるという点。旅行は「時間」をつかさどる「木」の気に属しているので、インテリア風水などと比べると格段に早く効果が表れるのです。それだけでなく、効果の出方も時間で予測できるので、「この時期に運を上げたい」というときにも使えます。

ただし、やみくもにどこかに出かければいいというものではありません。自分にとって**吉方位にあたる場所**に出かけること、そして目的地が**自分の家から35km以上離れていること**。旅行で運気を上げるためには、その二点が必須条件です。

吉方位とは、自分にとってよい運気をもたらしてくれる方位のこと。吉方位に出かけるのは、たとえるならゴールに向かって追い風に背中を押されながらスイスイ進むようなもの。逆に凶方位に出かけるのは向かい風に逆らって歩き続けるようなものです。**どうせお金と時間をかけるなら、吉方位に出かけたほうがいい**に決まっていますよね。

吉方位は毎月変わるので、旅行の計画を立てるときは必ず自分の九星を確認のうえ、吉方位表（289〜300ページ）をチェックする習慣をつけて。もし行きたい場所が吉方位ではない場合は、その場所はそのときのあなたにとってラッキーな場所ではないのだと解釈し、次に吉方位がめぐってくるチャンスを待ちましょう。

正しい方位の測り方

旅行風水を実践するためには、まず方位を正確に測らなくてはなりません。方位は、自分の住んでいる場所によって変わってくるので、市販の地図に方位を書き入れた自分専用の「方位地図」を作っておくと便利です。

1 駅名なども載っている大判の日本地図を用意し、自宅のある場所に印をつけます。

2 方位を書き入れます。なお、風水上の「北」(=磁北)は、地図上の「北(真北)」より、やや西に傾いており、その角度(西偏角度)は、地域によって異なりますから、必ず自分の住んでいる場所の西偏角度(次ページ)を確認してください。磁北が確定したら、自宅と磁北を直線で結びます。

3 磁北を基準にしてそのほかの方位を割り出し、地図に書き入れます。方位の幅は、次ページ下図のように北、東、南、西は各30度、北東、東南、南西、北西は各60度と方位ごとに異なるので、間違えないように気をつけて。

主な都市の西偏角度

（2017年6月現在）

札幌	9.3度
秋田	8.3度
仙台	8.2度
東京	7.2度
名古屋	7.4度
大阪	7.2度
福岡	7.2度
那覇	5.0度

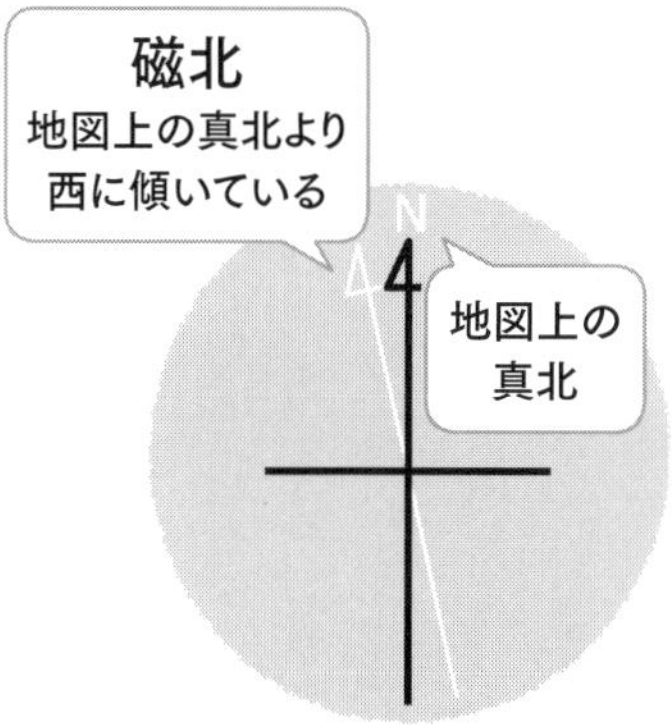

そのほかの都市は、国土地理院のホームページ（https://www.gsi.go.jp）をご参照ください。
アクセス方法は、[ホーム→基準点・測地観測データ→地磁気→地磁気（予測値）を求める

方位の幅に注意

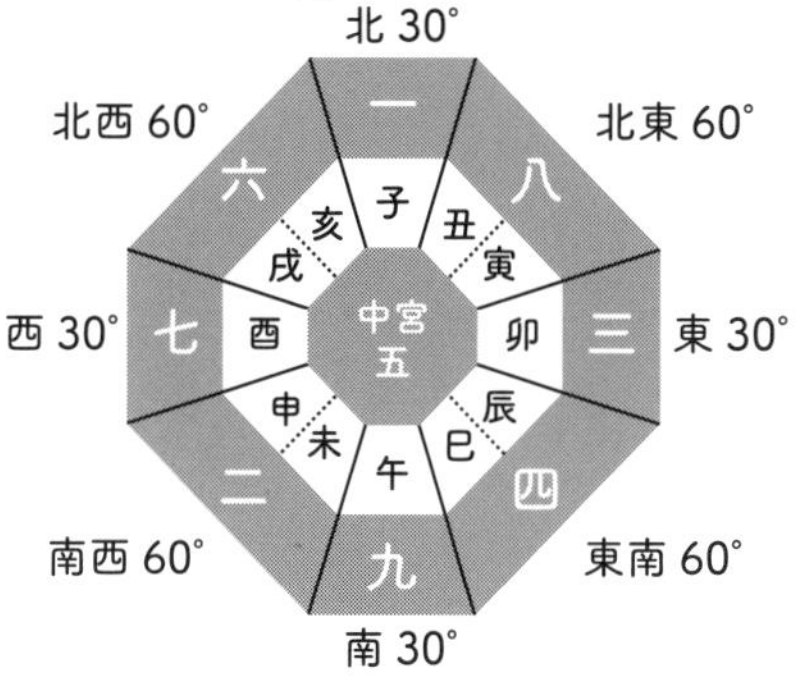

旅行は「始まり」で運気が決まります

風水では、「始まり」の運気を最も重視します。物事が始まるときに生じた運気が、その後も継続すると考えられているからです。

従って、旅行に出かける場合も、**いちばん大切なのは出発するとき**。たとえば、月の変わり目に旅行すると、出発するときは吉方位だった場所が、翌月には凶方位になることがありますが、そういうときは出発時の方位を優先してください。たとえ途中で凶方位になったとしても、出発する日が吉方位なら、吉方位に旅行したことになるので、凶意を受けることはありません。

また、旅行風水で欠かせない開運行動として、各方位のもつ運気に合う色やテイストの服（260〜275ページ参照）を身につけるというものがあります。これも出発日に実践するのが断然効果的。よく「旅先ではずっとその色や服装でなければなりませんか？」と聞かれるのですが、決してそんなことはありません。もちろん、日帰り旅行や一泊旅行なら、旅行中ずっと方位に合った色、服を身につけていたほうがいいですが、長期の旅行の場合は出発日だけでＯＫ。**「始まり」のときに方位の気を吸収しておけば、あとは違う服装をしたとしても運気の吸収率は変わりません。**

なお、旅行風水にはファッションのほかにも多くの開運行動があります（２６０〜２７５ページ参照）が、１回の旅行であれもこれもやろうと欲張らないこと。予定を詰め込みすぎると「せっかく旅行に行ったのに、開運行動に追われっぱなしで何だか疲れちゃった」ということになりかねません。旅行はあくまでも楽しみのために行くものだということを忘れずに。

Column 日帰り旅行で運気を上げるコツ

旅行というと泊まりがけというイメージが強いですが、日帰り旅行も立派な旅行。日帰り旅行の場合、泊まりがけの旅行に比べるともらえる運気が少ないのですが、工夫次第で運気を上げることは可能です。
いちばんのおすすめは「寝る」こと。たとえば日帰り温泉の休憩室で少し仮眠をとるなど、短時間でも旅先で睡眠をとると、土地の気を吸収するベースができるのです。ただし、移動中の電車や車の中での睡眠はカウントされないのでご注意を。

知っておきたい旅行風水「4・7・10・13の法則」

吉方位旅行に出かけると、その効果は4・7・10・13カ月目、もしくはそれ以降に必ず表れます。これを「4・7・10・13の法則」といいます。

なお、「4・7・10・13の法則」は、「月」だけでなく、「日」「年」でも適用されます。つまり、旅行から4・7・10・13日目、4・7・10・13年後にも効果が表れます。ただし、「日」の場合は「日盤」と呼ばれる方位盤を見て、よい日を選んで出かけなくてはならず、効果の出方も小さいので、あまり気にしなくてもいいでしょう。

一方、「年」の場合は、効果が出るまでの時間が長い分、大きな効果が得られます。「そんなに長くは待てない」という人は、「月」の吉方位と「年」の吉方位が重なっているとき（292〜300ページの吉方位表の◎印）を選んで出かけましょう。そうすれば、「月」のパワーを実感しつつ、「年」の効果が出るのを楽しみに待つことができますよ。

Column

凶方位へ行くときの防御法

凶方位へはできるだけ行かないにこしたことはないのですが、仕事などでどうしても行かなければいけないこともありますよね。そういうときは、必要以上に凶方位を怖がらないこと。「凶意を受けるかもしれない」とびくびくしながら出かけると、より凶意を受けやすくなってしまいます。凶意は確かに怖いものですが、しっかり防御策を講じて出かけ、あとで凶意を取り除く対処法を実践すれば大丈夫。あまり神経質にならずに旅を楽しむようにしましょう。

1 胸元を隠して出かける

2 方位に合った色を身につけて行く

3 温泉には絶対に入らない、
どうしても入らざるを得ないときは、
最後に水道水で全身を流してから上がる

4 自分の吉方位のミネラルウォーターを持っていく

5 出発前か帰ったあとに、
自分にとっての吉方位に出かけ、温泉に入る

6 中指に指輪をして出かける

7 その方位が吉方位の人と一緒に行く

運のために旅行するなら「温泉」「パワースポット」はマスト！

旅行で運気を上げたい、そう思っているなら、ぜひ旅行中に一度は「温泉」と「パワースポット」を訪れてください。

風水では、温泉に入ることは「木・火・土・金・水」の五行の気を一度に吸収できる開運行動だとされています。温泉とは、大地の鉱物や金属成分（「金」の気）を含んだ水（「水」の気）が、地熱（「火」の気）によって温められ、地中（「土」の気）から湧き出たもの。それに入浴する（「木」の気）ことで、五行のもつすべての気を一気に吸収できるというわけです。

自分にとっての吉方位にある温泉に入ると、悪い気が体にたまりにくくなるだけでなく、**五行のすべての気が鍛えられるため、自然に開運体質になっていきます。**吉方位に出かけるだけでももちろん開運効果はありますが、**温泉に入ればその効果はおよ**

そ10倍にアップ。これは利用しない手はありません。ただし、凶方位にあたる場所で温泉に入ると凶意も10倍になってしまうので、注意してくださいね。

温泉に加えて、吉方位に出かけたらぜひ立ち寄ってほしいのがパワースポット。

パワースポットは、大地の生気が凝縮し、噴水のように気が噴き上がっている、いわば大地のツボのような場所です。風水では、大地の気の流れを龍にたとえて表現します。その気が集結している場所を「龍穴（＝龍の住処）」と呼ぶのですが、パワースポットとは、その「龍穴」のことです。

パワースポットが与えてくれる生気と運気は温泉をはるかにしのぐもので、ときには人生を変えるほどの大きな運を与えてくれることもあります。それが吉方位であればなおのこと。ですから、もし旅行に出かけた場所の近くにパワースポットがあったら、ぜひ旅程に組み込んでください。それだけで、通常の何十倍もの運気を持ち帰ることができますよ。

なお、パワースポットは聖なる場所ですから、運気を上げたいからといって人を押しのけたり、植物や建物を傷つけたりといったマナー違反は厳禁。**誰も見ていなくても「天が見ている」**と考え、いつも以上に行動や態度には気を配りましょう。

ほしい運だけに固執せず、いろいろな土地の気を吸収して

方位にはそれぞれ異なる運気がある（260〜275ページ参照）ので、ほしい運がある人は、その運気をもつ方位に出かけるのが基本。ただし、特定の方位に固執するのはよくありません。というのも、方位のもつ力はお互いに引っ張り合うことでバランスを保っているので、特定の方位にしか出かけないと、そのバランスが崩れ、かえって運気が上がりにくくなってしまうのです。

ですから、**ほしい運気があるなら、その運気をもつ方位に重点を置きつつ、ほかの方位にもバランスよく出かける**ようにしましょう。特に方位の気は対角に引き合う性質があります。たとえば、東南に出かけたら次回北西に向かうなど、対角に動くことで運気が引き合い増幅して、より多くの運気を吸収することができるのです。

また、旅行風水ではほしい運を意識することで運の吸収率がアップしますが、「ほしいのは出会い運だけ。ほかの運はいらない」「金運以外の運はどうでもいい」などと考えるのは運気ダウンのもと。特定の運に執着すると、運の土台が狭まり、その方位で得られたはずのほかの運が吸収できなくなってしまいます。ほかの運を吸収したからといって、自分がほしい運が得られなくなるわけではないのですから、**ひとつの運だけにこだわらず、さまざまな運を幅広く吸収する**ようにしましょう。

Column パワースポットでは言霊《ことだま》に注意して

パワースポットにはあらゆるものを「育てる力」があるので、訪れるときはできるだけ悪いものを持ちこまないようにしましょう。とりわけ言霊には注意して。

パワースポットで悪口やほかの人の不幸を願うような言霊を発すると、それが通常より大きく育ち、自分の運として返ってきてしまいます。そうなると、せっかくパワースポットでパワーをもらっても帳消しに。一度だけならまだ取り返しがつきますが、何度もくり返すとマイナスのほうが多くなりますし、負のパワーをもつパワースポットで同じことをすれば、それ以降はずっとマイナスを背負って歩く羽目になります。くれぐれも気をつけて。

各方位のもつ基本の運気

北方位

「水」の方位。ゆったりとした気が流れ、さまざまな気を吸収しやすい方位です。カップルや親しい友人と出かけるのに最適。旅先ではスケジュールにゆとりをもたせ、ゆったりリラックスして過ごしましょう。

方位のもつ運気

✦愛情運　✦恋愛運　✦金運　✦健康運　✦信頼

✦髪や肌がきれいになる　✦容姿が美しくなる

開運行動

- 温泉露天風呂に入る
- 水辺に出かけたり、そこで写真を撮ったりする
- 水を飲む
- きれいな風景を写真に撮ったり、スケッチしたりする
- 普段使いのジュエリーを持っていき、きれいな水で浄化する
- シートパックなど、肌のケアをする
- リンパマッサージをする
- お酒を飲む

ファッション

女性

- ペールピンク×アイボリー、アイスグレー
- エレガントなファッション
- フリル、レース、オーガンジー、シフォン素材
- カシュクールデザイン
- パールアクセサリー
- ストールやスカーフ

男性

- クリームイエロー、ライトグリーン、グレー、ブラック
- 素材重視でスタイリッシュなファッション

ラッキーフード

- 豆腐や湯葉料理
- クリームソース
- お刺身や魚のカルパッチョ
- 川魚
- 見た目が美しい料理
- 牛乳やミルクデザート、ソフトクリーム
- コーヒー
- 日本酒、ロゼワイン、甘酒

おすすめの宿

- 隠れ家風の宿
- 秘湯の宿
- ヴィラや離れ
- 川沿い、渓流沿いなど、水辺の宿

南西方位

各方位のもつ基本の運気

「大地」を表す「土」の気をもつ方位。あまり動き回らず、一カ所でゆっくり過ごすと大地の気を吸収しやすくなります。家族や同僚、気の合う仲間など、共通のベースをもつ人と訪れるとさらに運気アップ。

方位のもつ運気

- 家庭運
- 結婚運
- 健康運
- 子宝運
- 不動産運
- 努力が実る
- 地位や生活が安定する
- トラウマの解消

開運行動

- ウォーキング
- ピクニックやバーベキューに出かける
- 低い山に登る
- 果物狩りをしたり、直販所で果物を買ったりする
- 陶芸体験をする、陶器を買う
- フットマッサージをする
- 家族写真を撮る
- 史跡を訪ねる

ファッション

女性

- コーラルピンク×アイボリーベージュ、ベージュ、ペールイエロー、ペールグリーン
- アンサンブルやセットアップ
- ナチュラルなイメージのファッション
- 右手にバングルをつける
- ローヒールの靴、ウェッジソールの靴

男性

- グリーン、カーキ、ブラウン、ベージュ

男女共通

- ストレッチやニットなど伸縮素材のもの
- 靴下のおしゃれを楽しむ
- ボタンやポケットに特徴のある服
- 着物、浴衣

ラッキーフード

- 郷土料理
- 煮込み料理
- その土地の食材を使った鍋料理
- その土地でとれた果物
- みそを使った料理
- 粉もの
- パイやタルトなどの焼き菓子
- 焼酎、地酒、果実酒

おすすめの宿

- 低層階の宿
- 庭園のある宿
- 家庭的な宿
- キッチン付きの宿
- 古民家を利用しているなど、郷土を意識した宿
- 老舗の温泉旅館

東方位

各方位のもつ基本の運気

「木」の方位。運気の流れが速いので、旅先ではスピーディーかつアクティブに。流行や口コミ情報などを意識して旅のスタイルを決めましょう。

方位のもつ運気

- 仕事運
- 発展運
- 成長運
- 若返り
- 行動力アップ
- 語学力アップ
- やる気が高まる
- チャンスに強くなる

開運行動

- 朝日を浴びる
- 時計の時刻を合わせる
- トレンドスポットに行く
- アミューズメントパークに行く
- 最新の映画やミュージカルを見る
- スポーツをしたり、スポーツ観戦をしたりする
- 歌を歌う
- 星空を見上げる

ファッション

女性

- チェリーレッド、ペールブルー、ターコイズブルー

男性

- ブルー系、グリーン系、赤のライン

男女共通

- トレンドを意識したカジュアルファッション
- デニム
- コットンやリネンの服
- 英字ロゴ入りのトップス
- スタイリッシュなスニーカー
- ルビー、ガーネット、ターコイズのアクセサリー

ラッキーフード

- 酸っぱいもの
- サラダ
- 寿司
- ハンバーガーやホットドッグ
- そら豆やグリンピースなど、豆を使った料理
- いちご、いちご味のもの
- 緑茶
- スパークリングワイン

おすすめの宿

- アミューズメントパーク併設の宿
- スポーツ施設付きの宿
- デザイナーズホテル
- モダンなインテリアの宿
- ニューオープンの宿
- ネット環境が整っている宿

東南方位

各方位のもつ基本の運気

縁をつかさどる「風」の気をもつ方位。フレアスカートをはく、ウェーブヘアにするなど、「風」を感じる装いで出かけると運気の吸収がよりスムーズに。親しい友人との女子旅にもおすすめです。

方位のもつ運気

- 出会い運
- 恋愛運
- 結婚運
- 人間関係運
- 社交運
- 貿易や流通に関する運気

開運行動

- ネットの口コミ情報を調べて出かける
- 香りを身につける
- SNSに旅行の様子を投稿する
- アロママッサージを受ける
- オープンカフェに立ち寄る
- 駅や空港で写真を撮る
- ショッピングを楽しむ、ショッピングモールへ出かける
- フラワーパークへ行く

ファッション

女性

- フェミニンなイメージ
- リゾート風ワンピース
- リボンモチーフ、フラワーモチーフ
- ストール
- カゴバッグ
- ミュールやサンダル
- 左手にブレスレットをつける

男性

- さわやかなイメージ

男女共通

- オレンジ、ミントグリーン
  風通しのいい服

ラッキーフード

- トマトソースのロングパスタ
- うどんやフォーなどの麺類
- ハーブを使った料理
- 洋風シーフード料理
- 柑橘系のドレッシング
- ココナッツミルク
- ハーブティー、フレーバーティー
- ロゼワイン

おすすめの宿

- 風通しのいいリゾートホテル
- 女性向けのアメニティが充実した宿
- バルコニー付き、
  もしくは窓からの景色がいい宿
- ヨットハーバーや港の見える宿
- 空港や駅直結のホテル

各方位のもつ基本の運気

北西方位

「金」の気をもつ方位。ステータスやグレードを上げてくれる効果があります。「主人の方位」とも言われ、特に男性におすすめの方位です。旅先では周囲の人への思いやりを忘れず、マナーを守って行動を。

方位のもつ運気

- ステータス運
- 出世運
- 財運
- 玉の輿運
- 事業運
- 人の援助を得る
- グレードを上げる

開運行動

- 有名な神社や教会へ行く
- 美術館、博物館へ行く
- お城や史跡を訪ねる
- きれいな水辺に行く
- 募金をする
- 宝くじを買う
- 星つきのレストランや一流ホテルのティーサロンに行く
- きれいな言葉を使うように心がける

ファッション

女性

- アイボリー、ラベンダーピンク、ベージュ
- コンサバファッション
- シャツワンピース
- ボートネックのトップス
- ストラップシューズ
- パールアクセサリー、プラチナジュエリー

男性

- クリーム、ベージュ、ブラウン
- ソフトジャケット

男女共通

- クラシカルなイメージ
- ハイブランドのカジュアルライン
- ストライプ柄、ドット柄

ラッキーフード

- その土地の伝統料理
- コース料理
- 白米
- 発酵食品
- 日本発祥の洋食
- メロン
- ババロアやムース
- 抹茶
- 白ワイン、濁り酒

おすすめの宿

- 老舗の宿
- 王族や皇室ゆかりの由緒ある宿
- 五つ星ホテル
- 歴史的建造物を利用した宿
- ベッドや枕など、眠る環境にこだわった宿

西方位

各方位のもつ基本の運気

豊かさをもたらしてくれる「金」の気をもつ方位。この方位の気を吸収すると、金銭的に豊かになるだけでなく、精神的にも充実します。旅先ではおいしいものを食べ、楽しく過ごして。

方位のもつ運気

- 金運
- 恋愛運
- 商売運
- 性格が明るくなる
- 日々の生活が楽しくなる
- 人生が充実する

開運行動

- 笑う
- 評判のレストランやスイーツショップに行く
- お寺巡り
- 新しい財布や小銭入れを買う
- カラオケに行く
- ブランドショップに立ち寄る
- ワイナリーや酒蔵に行く
- 夕日を見る
- 保湿ケアをする

ファッション

女性

- パステルイエロー、マゼンタピンク、アイボリー
- ふんわりとかわいらしいイメージ
- 胸元に切り替えがある服
- パフスリーブなど丸みのある服
- ゴールドジュエリー
- ピンクサファイヤのアクセサリー
- ペディキュアをする
- ストレッチブーツ、バックストラップシューズ

男性

- カーキ、イエローベージュ、ライトブラウン

男女共通

- 遊び心を取り入れたデザイン
- ドット柄

ラッキーフード

- おいしいものすべて
- チーズ料理
- 鶏肉料理
- 調味料にこだわった料理
- はちみつ
- フルーツのジャム
- カスタードを使ったスイーツ
- 紅茶
- 地ビール、赤ワイン

おすすめの宿

- ハイグレードな宿
- 料理に定評のある宿
- オーベルジュ
- 遊びの施設が充実している宿
- 水辺の宿

北東方位

各方位のもつ基本の運気

「土」の気をもつ方位。北東方位の「土」の気は「山」を表し、よい意味での変化と継続の運気をもたらしてくれます。旅先では日常と異なる体験を楽しんで。

方位のもつ運気

- よい意味での変化
- 物事の継続
- 浄化と再生
- 貯蓄運
- 不動産運
- 転職運
- 新しいチャンスを呼び込む

開運行動

- 非日常を楽しむ
- 新しい下着を着て出かける
- 山に登る(乗り物を使ってもよい)
- 山の上にある寺社に行く
- 普段できないことにチャレンジする
- タワーに登る
- 絵はがきを書く
- 風景写真を撮り、帰ったらプリントして飾る

ファッション

女性

- 白ベースに赤
- 清楚なイメージ
- アンサンブル
- ウェッジソールの靴

男性

- 白、アイボリーベージュ、赤
- 清潔感のあるイメージ

男女共通

- ニットなどストレッチ素材
- 襟付きの服
- ボタンやポケットに特徴のある服
- 白い下着を身につけて出かける

ラッキーフード

- 牛肉の料理
- 段重ねのお弁当
- アフタヌーンティー
- スパイスのきいた料理
- ヨーグルト、乳製品
- 漬け物
- りんご、りんごを使ったスイーツ
- 小豆を使ったスイーツ

おすすめの宿

- 山の上にある宿
- 高層階の客室
- リニューアルした老舗の宿
- 和モダンなインテリアの宿
- 白を基調にした宿
- 絶景の宿

南方位

各方位のもつ基本の運気

「火」の方位。悪い運気を強烈に燃やす作用があるので、最初にこの方位を訪れておくと、次に訪れる方位での運気の吸収がスムーズに。また、ビューティー運を上げたい人にもおすすめ。

方位のもつ運気

- ステータス運
- ビューティー運
- 人気運
- ダイエット運
- 知性が身につく
- 悪縁が切れる
- 隠れた才能が開花する

開運行動

- スパやエステに行く
- きれいなビーチやプールサイドで過ごす
- アートに触れる
- 岩盤浴やサウナなどでデトックスする
- 同じ場所に2度行く
- 「聖地」と呼ばれる場所に行く
- アイメイクをしっかりして出かける
- TPOに合わせたおしゃれをする

ファッション

女性

- ○ノースリーブ、ミニスカート
- ○光る素材、ビジュー付きトップス
- ○ミュール、サンダル
- ○蝶モチーフ、クロスモチーフ
- ○ダイヤモンドのアクセサリー

男女共通

- ○ライムグリーン、白、ベージュ
- ○トレンドを意識したセンスのいいファッション
- ○バカンス風やマリン風
- ○コットンやリネン素材のもの

ラッキーフード

- ○シーフード料理
- ○炭火焼き
- ○揚げもの、炒めもの
- ○天ぷらや天丼
- ○塩でいただく料理
- ○カリスマシェフの料理
- ○チェリー、ブルーベリー、マスカット
- ○シャンパンカクテル

おすすめの宿

- ○ビーチリゾート
- ○有名スパやエステのある宿
- ○オーシャンビューの宿
- ○アートホテル
- ○セレブの訪れるような宿
- ○新鮮な魚介類が食べられる宿

旅行に行けない……そんなときは「水」と「米」をお取り寄せして

旅行風水は、吉方位の土地に出かけ、その土地の運気を持ち帰る開運法なので、出かけられない人は実践できないものと思われがちですが、じつは、**遠出しなくても方位の気を取り入れることはできる**のです。それが「水」と「米」。なかでも、普段飲んでいる水を自分の吉方位で採水されたものにするのは、簡単にできるうえに効果が高い開運法。なかなか旅行に行けないときこそ、ぜひ実践してみてほしいと思います。

人間の体は、約70％が水分でできています。水を替えるということは、自分の体の細胞を入れ替えるのと同じこと。今は国内、国外を問わずさまざまな場所のミネラルウォーターが売られていますので、探せば必ず**自分の吉方位の水**が見つかるはずです。

なお、家族で旅行に行く場合は主人の吉方位に合わせるのが旅行風水の基本ですが、水の場合は自分自身の吉方位でなければ意味がありません。家族で実践する場合は、それぞれ自分の吉方位の水を飲むようにしてください。

また、日本人にとってベースである「米」も、方位の気を受けやすい食材のひとつ。**自分の吉方位でとれたお米**を食べるのも、方位の気を吸収することにつながりますよ。

Column 「旅行月」のメリットと注意点

1回旅行に行けば、1回分の開運効果が得られる、これが通常の旅行風水ですが、じつは1年に1～2回、その効果が6倍にはね上がる時期があります。これは、年盤でその年の中宮に廻ってきた九星と、月盤で中宮に廻ってきた星とが重なったときに、星同士のもつ運気の相乗効果によって効果が何倍にも強まるために起こる現象。その期間に旅行に行けば、6回旅行に行ったのと同じ効果が得られるという、いわばボーナス月で、「旅行月」と呼ばれます。日にちによっては開運効果が10倍になるスペシャルデー（10倍日）もあるので、旅行の計画を立てるときは必ずチェックしておきましょう。
ただし、この期間内に凶方位に出かけると、凶意も6倍（10倍日なら10倍）になってしまうので気をつけて。

金運のいい人ってどんな人？

金運のいい人というと、「お金をたくさん持っている人＝お金持ち」をイメージするかもしれませんが、高収入だから金運がいい、あるいは貯金がたくさんあるから金運がいい、というわけではありません。

人がうらやむほどの高い収入を得ていても、老後が不安でたまらず、収入のほとんどを貯蓄につぎ込み、それでもまだ「足りなくなったらどうしよう」と思いながら暮らしている人もいますし、貯金がたくさんあっても、そのお金には手をつけず、毎日コンビニ弁当やファストフードで食事を済ませ、旅行も外食もしない、という人もいます。そういう人は、お金持ちかもしれませんが、金運のいい人ではないのです。

風水でいう**「金運」とは、「豊かさ」**のこと。もちろんそのなかには金銭的な豊かさも含まれますが、どんなにたくさんお金を持っていたとしても、心が満たされていいなければ、「豊かな人」とは呼べません。

収入の多い、少ないにかかわらず、自分の手持ちのお金で充実した生活を送ることができ、お金に関する不安を抱くことなく暮らしていける、それが「豊かさ」であり、そういう暮らしをしている人が「金運のいい人」なのです。

そういう人になるためには、まずお金に対する根拠のない不安を取り除くことが大切です。もちろん、お金がなければ現実的に困るわけですから、そうならないように対処する必要はありますし、実際に経済的に苦しいなら、その状態を脱するためにどうすればいいか、考えなくてはなりません。でも、**根拠のない不安は百害あって一利なし**。できるだけ早く手放しましょう。

もしあなたが、「お金をこんなに使っちゃった。どうしよう」「老後にお金が足りなくなったらどうしよう」といった不安にかられているなら、その根拠を明確にして。根拠がないことがわかれば不安は消えますし、根拠があるならその不安を解消するための手立てを考えればいいだけのこと。今、手元にお金があってもなくても、あなたの心から不安が消え、「大丈夫」と思えるようになれば、お金は必ずあなたのもとに戻ってきますよ。

金運を上げたいなら、まず「枠」を作りましょう

金運は、ふわっとしていてつかみどころがないもの。そのうえひとつのところに留まらずにあちこち動き回っているので、ただ「金運を上げたいな」「お金がほしいな」と思っているだけでは、集まってきてはくれません。金運を上げたいと思うなら、**実際にどれくらいのお金が手に入れば自分は満足できるのか、どんな暮らしを実現できれば充足感を得られるのかを、具体的にイメージ**してみましょう。そのイメージが、金運をつかまえる「枠」になるのです。

具体的な金額がパッと思い浮かばない場合は、自分に今足りないものを手に入れるためには、現状プラスいくらのお金が必要なのか考えてみるといいでしょう。「月々、服やバッグにかけるお金をあと2万円増やしたい」でもいいですし、「今より広い部屋で暮らしていけるだけの収入がほしい」でもOKです。

大切なのは、「○万円ほしい」だけではなく、そのお金で何を買いたいのか、どういうことをしたいのかというところまで、具体的に思い描くこと。お金はただ「持っている」だけでは「モノ」と同じ。**自分の幸せのために使うことで、初めてお金としての価値が生まれる**のです。

枠の大きさはひとりひとり違いますから、大きければいいというものではありません。また、最初は「5万円ほしい」と思っていても、「それでは足りない。やっぱり10万円くらいほしい」と気持ちが変わることもあるでしょう。そうなったら、もっと枠を大きくすればOK。

大事なのは、自分の枠をきちんともつこと。それができれば、お金の流れが変わり、より確実に金運が上がるようになりますよ。

動
Action

Column 財布は「ワンランク上」のものを

財布を買うときは、今の自分から見て「ちょっとお高め」の財布を選びましょう。財布のランクが上がると、入ってくる金運もそれに合わせてランクアップするからです。
ただし、今財布に入っているお金で買えないようなものはNG。
無理をして何とか買えたとしても、金運に負担がかかってしまいます。「ちょっと高いけど、どうしてもほしい」というときは前もってお金を貯めておき、その財布を買えるだけのお金が貯まってから買いましょう。

「貯める」のではなく「余らせる」のがお金を増やすコツ

「がんばって貯金しても、なぜかお金が貯まらない」「無駄遣いせずに貯金しているのに、お金が増えない」……そんな経験はありませんか?

じつは、**お金というのは「貯めよう」と思えば思うほど、逃げていくもの**なのです。お金は、いつも自由気ままに動き回っていることが好きなので、拘束されるのが大嫌い。「どこにも行かないで。ずっとここにいて」と言われれば言われるほど、「自由になりたい」「逃げ出したい」と思い、隙あらば逃げだそうとします。

また、お金は自分のところにまっしぐらに向かってこられるのが苦手。「お金を貯めたい、増やしたい」と思い、そのことばかり考えていると、お金はその気配を察してどんどん後ずさりしていきます。それだけではなく、新しくやってきたお金も「こんなところには長居したくない」と、さっさと出ていくという悪循環に。これではお金が増えないのも当たり前です。

では、手元にあるお金をもっと増やすためには、どうすればいいのでしょうか。答えは**「貯める」ではなく、「余らせる」**。大金を余らせる必要はありません。500円でも100円でもいいのです。大切なのは、「余る」ことそのもの。「余る」というのは、十分に満ち足りたうえに＋αがあるという豊かな状態を意味します。

常に「お金を余らせよう」という意識をもって暮らしている人には、＋αのゆとりが生まれます。その**ゆとりがお金を生み出していく**のです。

たとえば、思いがけない臨時収入があったり、ボーナスが出たりしたときに、「使わずに貯めておこう」と考える人は、お金を増やせない人。お金を増やせる人というのは、そういう「ゆとりのお金」をおいしいものを食べる、旅行に行くなど、自分や家族の楽しみごとのために使える人です。もしお金を貯めたいなら、そうやって使ったあとで余ったお金を貯蓄に回せばいいのです。「使わないで貯める」ほうが一見よさそうですが、そこに豊かさはありません。**大切なのは「お金を楽しく使った！　しかも余った！」という感覚**。それが新たなお金を生み出す原動力になります。

お金を増やす使い方、お金を失う使い方

お金の使い方には2通りあります。自分が楽しいと思えること、**自分にとって有益なことのために使うお金は「生き金」、そうでないことに使うお金は「死に金」**です。

生き金は、お金と引き替えに運を生み出す使い方。生き金として使われたお金は、よい循環でめぐる間にほかのお金を呼び寄せ、やがて大きなお金となって戻ってきます。つまり**生き金を使うとお金はどんどん増えていく**のです。

一方の死に金は、言ってみれば「無駄金」。「あと1品買えば送料無料になるから」「友だちに一緒に買おうと誘われたから」などといった理由で、特にほしくもないものを何となく買ってしまった経験は誰にでもあると思いますが、これらこそ、典型的な死に金。気の進まない飲み会に付き合いで参加したり、「ポイントがつくから」と必要のないものまで買ってしまったりするのも死に金です。**死に金は決して戻ってこない**

ばかりか、ほかのお金も引き連れて出ていってしまうので、使えば使うほど金運が日減りしていきます。

お金を増やしたい、金運のいい人になりたいと思うなら、「死に金はできるだけ使わず、使うお金をすべて生き金にする」つもりで生活していきましょう。

そのためには、何かを買うときに、「これは自分にとって価値があるかどうか」をじっくり吟味する習慣をつけることが大切。「何となく」「安いからいいや」などといったいい加減な気持ちで出したお金は「死に金」になりやすいので要注意です。

また、うっかり死に金を使ってしまったら、それを生き金に変えられないかどうか考えてみることも大事。「楽しみにしていた映画がおもしろくなかった」というときは、「好きな俳優が見られてよかった」と考えてみる、あるいは「楽しいと思って参加した飲み会がつまらなかった」なら、「つまらなかったけど、料理はおいしかった」というように、よかった点を探し出してみるのです。そうやって**「すべてを生き金にする」習慣**をつけると、「しまった!」と思うことが減りますし、次にお金を使うときはもっと吟味するようになるので、死に金は確実に減っていきますよ。

生活が苦しい人ほど「ゆとり」を大切に

金運というのは「ゆとり」から生じるもの。ですから、「生活が苦しくてゆとりなんてない」という人ほど、**意識的に「ゆとり」を作る**ようにしてほしいのです。たとえば、コンビニでおいしいスイーツを買って食べる、紅茶をていねいに淹れてお気に入りのカップで飲む、花を1輪買って玄関に飾るなど、ちょっとしたことでいいのです。たとえ外食や旅行などにかけるお金がなくても、毎日の生活のなかでそういった楽しみを見つけ、心豊かに暮らしている人は、「ゆとり」のある人。そういう生活を続けていけば、**今は苦しくても、そのうち必ず金運に恵まれる**ようになっていきます。

逆に、どんなにお金持ちでも、旅行や食事にかけるお金をケチったり、「花なんて、どうせ枯れるものにお金をかけるのは無駄」「お茶もコーヒーも同じカップで飲めばいい」などと言ったりする人は、「ゆとり」のない人。こういった生活をしていると、どんどん金運がやせ細ってしまいます。

また、お金は運の土壌が広ければ広いほど増えやすくなります。「お金がもったいないから」とどこへも行かず、新しいことにもチャレンジせずに、自分の土地に閉じこもっている人は、この先もずっとお金を生み出すことができない貧乏体質のまま。今からでも遅くはありません。気になっていた料理を食べてみる、好きなアーティストのライブに行ってみるなど、「楽しい」と思えることをたくさん体験して、**豊かさのベースを広げましょう**。さまざまな方向にベースを広げ、土を耕しておけば、いつかそこから大きな実りを得られるときがやってきますよ。

Column 水をきれいにすると金運アップ

風水では、「金」の気は「土」から生じ、「水」によって増えると言われています。環境のなかにある水、特に飲む水や体にふれる水をきれいにすると、お金が増えやすくなります。

飲み水はミネラルウォーターか浄水器を通した水を使うのが基本。炊飯や野菜を洗うときもできれば浄水を使いましょう。

また、体や髪にふれる水にも気を配って。可能ならぜひ浴室や洗面所にも浄水器を導入しましょう。

Column

デンタルケアで「金」の気アップ

風水では、歯は「金」の気に属するパーツとされています。歯並びや歯の色などを含め、歯の印象＝その人の「金」の気の印象になると考えてください。その意味で、デンタルケアは非常に重要。虫歯はもちろんのこと、口内細菌も金運にダメージを与えますから、食後や寝る前の歯みがきだけでなく、エアーフロスで歯間ケアをする、口内洗浄剤でこまめに口をゆすぐなど、口内は常に清浄にしておきましょう。

また、要注意なのが、奥歯のさらに後ろにある親知らずです。親知らずは、お金をどんどん使っては流してしまう、別名「きりぎりすの歯」。この歯があるというだけで「金」の気が消耗しやすくなるので、たとえ虫歯になっていなくても早めに抜いてしまうことをおすすめします。

巻末特典

吉方位表 & 本命星表

2021-2026

吉方位表の使い方

吉方位表は、生年月日から割り出す本命星で調べます。年や月で吉方位が変わるため、旅行に出かけるときは、必ず自分の吉方位をチェックしましょう。なお、小学生まで（満13歳未満）のお子さんの場合は、基本的に291ページの月命星を使うことをおすすめしています。というのも、子どもが本命星を使って旅行風水を実行すると、効果が表れるのが13歳以降になってしまうため。もちろん、即効性を求めず、「大人になるまで運をためておきたい」という場合は、本命星を使うのも効果的です。

本命星表

一白水星	二黒土星	三碧木星	四緑木星	五黄土星	六白金星	七赤金星	八白土星	九紫火星
昭和20年 1945年	昭和19年 1944年	昭和18年 1943年	昭和17年 1942年	昭和16年 1941年	昭和15年 1940年	昭和14年 1939年	昭和13年 1938年	昭和12年 1937年
昭和29年 1954年	昭和28年 1953年	昭和27年 1952年	昭和26年 1951年	昭和25年 1950年	昭和24年 1949年	昭和23年 1948年	昭和22年 1947年	昭和21年 1946年
昭和38年 1963年	昭和37年 1962年	昭和36年 1961年	昭和35年 1960年	昭和34年 1959年	昭和33年 1958年	昭和32年 1957年	昭和31年 1956年	昭和30年 1955年
昭和47年 1972年	昭和46年 1971年	昭和45年 1970年	昭和44年 1969年	昭和43年 1968年	昭和42年 1967年	昭和41年 1966年	昭和40年 1965年	昭和39年 1964年
昭和56年 1981年	昭和55年 1980年	昭和54年 1979年	昭和53年 1978年	昭和52年 1977年	昭和51年 1976年	昭和50年 1975年	昭和49年 1974年	昭和48年 1973年
平成2年 1990年	平成元年 1989年	昭和63年 1988年	昭和62年 1987年	昭和61年 1986年	昭和60年 1985年	昭和59年 1984年	昭和58年 1983年	昭和57年 1982年
平成11年 1999年	平成10年 1998年	平成9年 1997年	平成8年 1996年	平成7年 1995年	平成6年 1994年	平成5年 1993年	平成4年 1992年	平成3年 1991年
平成20年 2008年	平成19年 2007年	平成18年 2006年	平成17年 2005年	平成16年 2004年	平成15年 2003年	平成14年 2002年	平成13年 2001年	平成12年 2000年

※1月1日から節分（2月3日か4日）までに生まれた方は前年の九星になります。
例えば、昭和46年1月28日生まれの人は「三碧木星」、
昭和46年2月10日生まれの人は「二黒土星」になります。
※子ども（満13歳未満）は次ページの月命星表を参考に、生年月日で確認しましょう。

子どものための月命星表

	一白水星	二黒土星	三碧木星	四緑木星	五黄土星	六白金星	七赤金星	八白土星	九紫火星
平成21年 2009年	6/5〜	5/5〜	4/5〜	3/5〜	2/4〜	1/5〜			
				12/7〜	11/7〜	10/8〜	9/7〜	8/7〜	7/7〜
平成22年 2010年	3/6〜	2/4〜	1/5〜						
	12/7〜	11/7〜	10/8〜	9/8〜	8/7〜	7/7〜	6/6〜	5/5〜	4/5〜
平成23年 2011年	9/8〜	8/8〜	7/7〜	6/6〜	5/6〜	4/5〜	3/6〜	2/4〜	1/6〜
							12/7〜	11/8〜	10/9〜
平成24年 2012年	6/5〜	5/5〜	4/4〜	3/5〜	2/4〜	1/6〜			
				12/7〜	11/7〜	10/8〜	9/7〜	8/7〜	7/7〜
平成25年 2013年	3/5〜	2/4〜	1/5〜						
	12/7〜	11/7〜	10/8〜	9/7〜	8/7〜	7/7〜	6/5〜	5/5〜	4/5〜
平成26年 2014年	9/8〜	8/7〜	7/7〜	6/6〜	5/5〜	4/5〜	3/6〜	2/4〜	1/5〜
							12/7〜	11/7〜	10/8〜
平成27年 2015年	6/6〜	5/6〜	4/5〜	3/6〜	2/4〜	1/6〜			
				12/7〜	11/8〜	10/8〜	9/8〜	8/8〜	7/7〜
平成28年 2016年	3/5〜	2/4〜	1/6〜						
	12/7〜	11/7〜	10/8〜	9/7〜	8/7〜	7/7〜	6/5〜	5/5〜	4/4〜
平成29年 2017年	9/7〜	8/7〜	7/7〜	6/5〜	5/5〜	4/4〜	3/5〜	2/4〜	1/5〜
							12/7〜	11/7〜	10/8〜
平成30年 2018年	6/6〜	5/5〜	4/5〜	3/6〜	2/4〜	1/5〜			
				12/7〜	11/7〜	10/8〜	9/8〜	8/7〜	7/7〜
平成31年 令和元年 2019年	3/6〜	2/4〜	1/6〜						
	12/7〜	11/8〜	10/8〜	9/8〜	8/8〜	7/7〜	6/6〜	5/6〜	4/5〜
令和2年 2020年	9/7〜	8/7〜	7/7〜	6/5〜	5/5〜	4/4〜	3/5〜	2/4〜	1/6〜
							12/7〜	11/7〜	10/8〜
令和3年 2021年	6/5〜	5/5〜	4/4〜	3/5〜	2/3〜	1/5〜	9/7〜	8/7〜	7/7〜
				12/7〜	11/7〜	10/8〜			

* 次ページからの方位別の吉凶の見方

◎…月と年の両方で効果が表れる
☽…月で効果が表れる
★…年で効果が表れる
▲……大きな効果は期待できない方位
無印…マイナス作用が強いので
行ってはいけない方位

☽は月の吉方位で4・7・10・13カ月目に効果が表れます。
★は年の吉方位で4・7・10・13年目に効果は表れますが、長く強く作用します。

一白水星 の吉方位

2021

	北	北東	東	南東	南	南西	西	北西
1月								
2月		▲	◎				☽	
3月			★					
4月		☽						
5月			★				☽	
6月		☽	★				☽	
7月			◎				▲	
8月								
9月								
10月		▲	◎				▲	
11月		▲	◎				☽	
12月			★				☽	

2022

	北	北東	東	南東	南	南西	西	北西
1月		☽						
2月			★				◎	
3月		☽	★	★				★
4月		☽	◎				★	
5月				◎				
6月				◎				★
7月			◎				★	
8月			◎	◎			◎	◎
9月							◎	
10月		☽						◎
11月			★				◎	
12月		☽	★	★			◎	★

2023

	北	北東	東	南東	南	南西	西	北西
1月		☽	◎				★	
2月	☽				☽			
3月	☽				▲			
4月			☽					
5月			☽					
6月			▲		▲			
7月	▲				☽			
8月	☽		▲		☽			
9月								
10月			☽					
11月	☽				☽			
12月	☽							

2024

	北	北東	東	南東	南	南西	西	北西
1月			☽					
2月		★		☽				
3月	▲				★			
4月	▲	◎		▲	◎	▲		
5月	☽				◎			
6月		◎		▲		☽		
7月						☽		
8月	☽			☽	◎			
9月	☽			☽	★			
10月		★				☽		
11月		★				▲		
12月	▲							

2025

	北	北東	東	南東	南	南西	西	北西
1月	▲	◎		▲	◎			
2月	◎		▲		◎		◎	
3月			▲					
4月			☽				★	
5月	◎				◎			
6月					★			
7月			☽				★	
8月			☽				◎	
9月	★				★		◎	
10月	★				◎			
11月	◎		▲		◎		◎	
12月			▲				◎	

2026

	北	北東	東	南東	南	南西	西	北西
1月			☽				★	
2月				☽				▲
3月				☽				▲
4月		★	☽			◎	★	
5月		★	☽	☽		★	◎	
6月			▲				◎	
7月				▲		★		☽
8月			▲				◎	
9月		◎		▲		◎	◎	▲
10月		◎	☽			◎	★	
11月								▲
12月				☽				▲

二黒土星 の吉方位

2021

	北	北東	東	南東	南	南西	西	北西
1月		☽						
2月			▲				◎	
3月		◎						
4月		◎						
5月			☽				★	
6月		★	☽				★	
7月								
8月			☽				★	
9月		★						
10月		◎	▲				◎	
11月			▲				◎	
12月		◎						

2022

	北	北東	東	南東	南	南西	西	北西
1月		◎						
2月	☽		☽	▲	◎		★	★
3月			☽					
4月				☽				
5月	▲		☽	☽	★		★	
6月				☽				◎
7月			▲				◎	
8月	▲		▲	▲	◎		◎	◎
9月	☽				◎			
10月	☽				◎			
11月	☽		☽		◎		★	★
12月			☽				★	

2023

	北	北東	東	南東	南	南西	西	北西
1月				☽				★
2月	★				★			
3月		★				▲		
4月		◎				▲		
5月	★				◎			
6月		◎			◎	▲		
7月	◎				◎	☽		
8月	◎				◎			
9月		★				☽		
10月		★				☽		
11月	★				★			
12月		★				▲		

2024

	北	北東	東	南東	南	南西	西	北西
1月		◎						
2月	★				◎			
3月	◎	◎			◎	★		
4月	◎	◎			◎	◎		
5月	◎				◎			
6月		★				◎		
7月						◎		
8月	★				★			
9月		★				★		
10月		◎				★		
11月	★				◎			
12月	◎	◎				★		

2025

	北	北東	東	南東	南	南西	西	北西
1月	◎	◎			◎			
2月	◎		◎	▲	◎		▲	
3月			◎					
4月				☽				
5月	★		◎	☽	★		▲	
6月				☽				
7月			★				☽	
8月	★		★	▲	◎		☽	
9月	◎				◎			
10月	◎				◎			
11月	◎		◎		◎		▲	
12月			◎				▲	

2026

	北	北東	東	南東	南	南西	西	北西
1月				☽				
2月			◎				▲	
3月		▲				★		
4月		☽	★			★	☽	
5月			★				☽	
6月		☽				★		
7月						◎		
8月			◎				▲	
9月		▲				◎	▲	
10月		▲				◎		
11月			◎				▲	
12月		▲				★		

◎：大吉方位　★：年の吉方位　☽：月の吉方位　▲：大きな効果は期待できない方位　無印：凶方位

三碧木星 の吉方位

2021

	北	北東	東	南東	南	南西	西	北西
1月								
2月	☽				◎			
3月	☽		★		★			
4月	▲				★			
5月	▲		◎		★		☽	
6月								
7月			★				▲	
8月			★				☽	
9月								
10月	▲		◎		◎		▲	
11月	☽				◎			
12月	☽		★				▲	

2022

	北	北東	東	南東	南	南西	西	北西
1月	▲				★			
2月	★				★			
3月		☽		◎				▲
4月				★				
5月				★				
6月		☽		★				▲
7月	★				◎			
8月	◎			◎	◎			▲
9月	◎	▲			★			
10月	★	▲			★			☽
11月	★				★			
12月		☽		◎				▲

2023

	北	北東	東	南東	南	南西	西	北西
1月				★				☽
2月			▲					
3月		☽				◎		
4月	★		☽		☽			
5月	◎	▲			☽	★		
6月		▲	▲		▲	◎		
7月	★				▲	◎		
8月	★		☽		▲			
9月		☽				★		
10月			▲					
11月			▲					
12月		☽				◎		

2024

	北	北東	東	南東	南	南西	西	北西
1月	★		☽		☽			
2月	☽	▲		☽	☽			
3月	☽	▲			▲	◎		
4月	▲	▲		▲	▲	◎		
5月	▲				▲			
6月		☽		☽		★		
7月				▲				
8月				▲				
9月		☽		▲		◎		
10月	▲				☽			
11月	☽	▲			☽	★		
12月	☽	▲				◎		

2025

	北	北東	東	南東	南	南西	西	北西
1月	▲	▲		▲	▲			
2月	▲		◎		▲		◎	
3月								
4月			★				★	
5月			★				◎	
6月								
7月	▲		◎		☽		★	
8月	☽				☽			
9月	☽				▲		★	
10月	▲				▲			
11月	▲		◎		▲		◎	
12月								

2026

	北	北東	東	南東	南	南西	西	北西
1月			★				★	
2月				★				☽
3月		◎		★		☽		▲
4月								
5月		★		◎		▲		
6月		★				☽		
7月				★		☽		☽
8月								
9月		◎		◎		▲		▲
10月								☽
11月								☽
12月		◎		★		☽		▲

四緑木星 の吉方位

2021

	北	北東	東	南東	南	南西	西	北西
1月	★							
2月	☽	★			◎			
3月	☽	★			★			
4月	▲	★			★			
5月	▲				★			
6月								
7月								
8月								
9月	☽				★			
10月	▲	◎			◎			
11月	☽	★			◎			
12月	☽	★						

2022

	北	北東	東	南東	南	南西	西	北西
1月	▲	★			★			
2月	★				★			
3月			★					
4月		☽	★				▲	
5月			★				☽	
6月					★			
7月	★				◎			
8月	◎		◎		◎		▲	
9月	◎	▲			★		▲	
10月	★	▲			★			
11月	★				★			
12月			★				☽	

2023

	北	北東	東	南東	南	南西	西	北西
1月		☽	★				▲	
2月			▲					
3月	◎				▲			
4月	★	☽			☽	◎		
5月	◎	▲	☽		☽	★		
6月		▲	▲		▲	◎		
7月	★				▲	◎		
8月	★				▲			
9月								
10月		☽	▲			★		
11月			▲					
12月	◎							

2024

	北	北東	東	南東	南	南西	西	北西
1月	★	☽			☽			
2月	☽	▲			☽			
3月	☽	▲			▲	◎		
4月	▲	▲			▲	◎		
5月	▲				▲			
6月								
7月						★		
8月								
9月	☽				▲			
10月	▲	☽			☽	◎		
11月	☽	▲			☽	★		
12月	☽	▲				◎		

2025

	北	北東	東	南東	南	南西	西	北西
1月	▲	▲			▲			
2月	▲			◎	▲			
3月				◎				
4月				★				
5月				★				
6月				★	▲			
7月	▲				☽			
8月	☽				☽			
9月	☽				▲			
10月	▲				▲			
11月	▲				▲			
12月				◎				

2026

	北	北東	東	南東	南	南西	西	北西
1月				★				
2月			▲	★			◎	☽
3月				★				▲
4月								
5月			☽				★	
6月			▲				★	
7月								
8月				◎				☽
9月				◎			◎	▲
10月			▲				★	☽
11月			▲				◎	☽
12月				★				▲

◎：大吉方位　★：年の吉方位　☽：月の吉方位　▲：大きな効果は期待できない方位　無印：凶方位

五黄土星 の吉方位

2021

	北	北東	東	南東	南	南西	西	北西
1月	☽	☽						
2月	★	◎	▲		☽		◎	
3月	◎	◎	☽		☽			
4月	◎	◎			☽			
5月	◎		☽		☽		★	
6月		★	☽				★	
7月			☽				◎	
8月	★		☽		▲		★	
9月	★	★			☽			
10月	◎	◎	▲		▲		◎	
11月	★	◎	▲		☽		◎	
12月	◎	◎	☽				◎	

2022

	北	北東	東	南東	南	南西	西	北西
1月	◎	◎			☽			
2月	☽		☽	▲	◎		★	★
3月		★	☽	☽				◎
4月		★	☽	☽			◎	
5月	▲		☽	☽	★		★	
6月		★		☽	◎			◎
7月	☽		▲		★		◎	
8月	▲		▲	▲	◎		◎	◎
9月	☽	◎			◎		◎	
10月	☽	◎			◎			★
11月	☽		☽		◎		★	★
12月		★	☽	☽			★	◎

2023

	北	北東	東	南東	南	南西	西	北西
1月		★	☽	☽			◎	★
2月	★		◎		★			
3月	★	★			◎	▲		
4月	◎	◎	★		★	▲		
5月	★	◎	★		◎	☽		
6月		◎	◎		◎	▲		
7月	◎				◎	☽		
8月	◎		◎		◎			
9月		★				☽		
10月		★	◎			☽		
11月	★		◎		★			
12月	★	★				▲		

2024

	北	北東	東	南東	南	南西	西	北西
1月	◎	◎	★		★			
2月	★	◎		★	◎			
3月	◎	◎			◎	★		
4月	◎	◎		◎	◎	◎		
5月	◎			★	◎			
6月		★		◎		◎		
7月				◎		◎		
8月	★			◎	★			
9月	★	★		◎	◎	★		
10月	◎	◎			★	★		
11月	★	◎			◎	◎		
12月	◎	◎				★		

2025

	北	北東	東	南東	南	南西	西	北西
1月	◎	◎		◎	◎			
2月	◎		◎	▲	◎		▲	
3月			◎	☽				
4月			◎	☽			☽	
5月	★		◎	☽	★		▲	
6月				☽	◎			
7月	◎		★		★		☽	
8月	★		★	▲	◎		☽	
9月	◎				◎		☽	
10月	◎				◎			
11月	◎		◎		◎		▲	
12月			◎	☽			▲	

2026

	北	北東	東	南東	南	南西	西	北西
1月			◎	☽			☽	
2月			◎	◎			▲	◎
3月		▲		◎		★		◎
4月		☽	★			★	☽	
5月		☽	★	★		◎	☽	
6月		☽	◎			★	☽	
7月				◎		◎		★
8月			◎	★			▲	★
9月		▲		◎		◎	▲	◎
10月		▲	◎			◎	☽	★
11月			◎				▲	◎
12月		▲		◎		★		◎

六白金星 の吉方位

2021

	北	北東	東	南東	南	南西	西	北西
1月	☽	★						
2月	◎	☽	▲		★		◎	
3月	★	☽			◎			
4月	◎				◎			
5月			▲				★	
6月		▲	☽				★	
7月			☽				◎	
8月	★				★			
9月	★	☽			◎			
10月	◎	▲	▲		◎		◎	
11月	◎	☽	▲		★		◎	
12月	★	☽						

2022

	北	北東	東	南東	南	南西	西	北西
1月	◎				◎			
2月			▲				★	
3月		★	☽					
4月			☽				◎	
5月	★				▲			
6月		◎			☽			
7月	◎		▲		☽		◎	
8月	◎		▲		▲		◎	
9月	★	◎			☽			
10月	◎				☽			
11月			▲				★	
12月		★	☽				★	

2023

	北	北東	東	南東	南	南西	西	北西
1月			☽				◎	
2月	▲				★			
3月	▲	◎			◎	★		
4月	☽	★			◎	★		
5月	☽	◎			★	◎		
6月		◎			◎	◎		
7月	☽				◎			
8月								
9月		★				◎		
10月								
11月	▲				★			
12月	▲	◎				★		

2024

	北	北東	東	南東	南	南西	西	北西
1月	☽	★			◎			
2月	◎				★			
3月	★				◎			
4月	◎			◎	◎			
5月				◎				
6月				★				
7月				◎				
8月	★			◎	★			
9月	★				◎			
10月	◎				◎			
11月	◎				★			
12月	★							

2025

	北	北東	東	南東	南	南西	西	北西
1月	◎			◎	◎			
2月			▲	◎			▲	
3月			☽	★				
4月			☽	◎			☽	
5月				◎				
6月								
7月			▲				☽	
8月			▲				☽	
9月								
10月								
11月			▲				▲	
12月			☽	★			▲	

2026

	北	北東	東	南東	南	南西	西	北西
1月			☽	◎			☽	
2月				☽				★
3月		☽				★		
4月		▲	★			★	☽	
5月		☽	★			◎	☽	
6月		☽				◎		
7月				☽				★
8月			★	☽			▲	★
9月		▲		▲		◎	▲	◎
10月			◎				☽	◎
11月								★
12月		☽				★		

◎：大吉方位　★：年の吉方位　☽：月の吉方位　▲：大きな効果は期待できない方位　無印：凶方位

七赤金星 の吉方位

2021

	北	北東	東	南東	南	南西	西	北西
1月	☽	★						
2月	◎	☽			★			
3月	★		☽		◎			
4月		☽						
5月			▲				★	
6月			☽				★	
7月								
8月	★		☽		★		◎	
9月	★	☽			◎			
10月	◎	▲	▲		◎		◎	
11月	◎	☽			★			
12月	★		☽				◎	

2022

	北	北東	東	南東	南	南西	西	北西
1月		☽						
2月				☽				★
3月				▲				◎
4月		★		☽				
5月	★				▲			
6月		◎		☽	☽			◎
7月	◎				☽			
8月	◎			▲	▲			◎
9月	★				☽			
10月		◎						★
11月								★
12月				▲				◎

2023

	北	北東	東	南東	南	南西	西	北西
1月		★		☽				◎
2月	▲		◎		★			
3月	▲				◎			
4月	☽		★		◎			
5月	☽				★			
6月			◎		◎			
7月								
8月			★					
9月								
10月								
11月	▲		◎		★			
12月	▲							

2024

	北	北東	東	南東	南	南西	西	北西
1月	☽		★		◎			
2月		◎		★				
3月								
4月		◎		◎		▲		
5月				◎				
6月				★				
7月				◎		☽		
8月								
9月		◎		◎		▲		
10月		★				▲		
11月		◎				☽		
12月								

2025

	北	北東	東	南東	南	南西	西	北西
1月		◎		◎				
2月			▲	◎			▲	
3月			☽	★				
4月				◎				
5月			☽				☽	
6月				◎				
7月			▲				☽	
8月				★				
9月							☽	
10月								
11月			▲				▲	
12月			☽	★			▲	

2026

	北	北東	東	南東	南	南西	西	北西
1月				◎				
2月			◎				☽	
3月				☽				◎
4月			★				☽	
5月				▲				
6月			◎				☽	
7月				☽				★
8月			★	☽			▲	★
9月				▲			▲	◎
10月								◎
11月			◎				☽	
12月				☽				◎

八白土星 の吉方位

2021

	北	北東	東	南東	南	南西	西	北西
1月	☽	☽						
2月	★				☽			
3月		◎						
4月		◎						
5月	◎				☽			
6月		★						
7月								
8月	★				▲			
9月	★	★			☽			
10月	◎	◎			▲			
11月	★				☽			
12月		◎						

2022

	北	北東	東	南東	南	南西	西	北西
1月		◎						
2月	☽		☽	▲	◎		★	★
3月				☽				◎
4月			☽				◎	
5月	▲		☽	☽	★		★	
6月					◎			
7月	☽				★			
8月	▲		▲	▲	◎		◎	◎
9月							◎	
10月								★
11月	☽		☽		◎		★	★
12月				☽				◎

2023

	北	北東	東	南東	南	南西	西	北西
1月			☽				◎	
2月			◎					
3月		★				▲		
4月		◎				▲		
5月			★					
6月		◎	◎			▲		
7月						☽		
8月			◎					
9月		★				☽		
10月		★	◎			☽		
11月			◎					
12月		★				▲		

2024

	北	北東	東	南東	南	南西	西	北西
1月		◎						
2月				★				
3月		◎				★		
4月		◎		◎		◎		
5月				★				
6月		★		◎		◎		
7月						◎		
8月				◎				
9月		★				★		
10月		◎				★		
11月								
12月		◎				★		

2025

	北	北東	東	南東	南	南西	西	北西
1月		◎		◎				
2月	◎		◎	▲	◎		▲	
3月				☽				
4月			◎				☽	
5月	★		◎	☽	★		▲	
6月					◎			
7月	◎				★			
8月	★		★	▲	◎		☽	
9月							☽	
10月								
11月	◎		◎		◎		▲	
12月				☽				

2026

	北	北東	東	南東	南	南西	西	北西
1月			◎				☽	
2月				◎				◎
3月		▲				★		
4月		☽				★		
5月				★				
6月		☽				★		
7月				◎		◎		★
8月				★				★
9月		▲		◎		◎		◎
10月		▲				◎		
11月								◎
12月		▲				★		

◎：大吉方位　★：年の吉方位　☽：月の吉方位　▲：大きな効果は期待できない方位　無印：凶方位

九紫火星 の吉方位

2021

	北	北東	東	南東	南	南西	西	北西
1月	◎							
2月			◎				★	
3月			◎					
4月	◎				▲			
5月	★				▲			
6月			◎				◎	
7月			★				◎	
8月	◎		★		☽		★	
9月	◎				☽			
10月	◎		◎		▲		◎	
11月			◎				★	
12月			◎				★	

2022

	北	北東	東	南東	南	南西	西	北西
1月	◎				▲			
2月				★				☽
3月		◎	◎					
4月		◎	★	◎			☽	
5月			★				▲	
6月		★		★				☽
7月			◎				☽	
8月			◎	◎			▲	▲
9月		★					▲	
10月								☽
11月								☽
12月		◎	◎				☽	

2023

	北	北東	東	南東	南	南西	西	北西
1月		◎	★	◎			☽	▲
2月			★					
3月		▲				☽		
4月			◎					
5月		☽	◎			☽		
6月		▲	◎			▲		
7月								
8月								
9月		☽				▲		
10月		☽	★			▲		
11月			★					
12月		▲				☽		

2024

	北	北東	東	南東	南	南西	西	北西
1月			◎					
2月				◎				
3月								
4月	◎			◎	▲			
5月	★			★	▲			
6月								
7月				◎				
8月	◎				☽			
9月	◎			★	☽			
10月	◎				▲			
11月								
12月								

2025

	北	北東	東	南東	南	南西	西	北西
1月	◎			◎	▲			
2月	▲			▲	▲			
3月								
4月				☽				
5月	☽				☽			
6月				▲	☽			
7月	☽				▲			
8月				☽				
9月								
10月	☽				▲			
11月	▲				▲			
12月								

2026

	北	北東	東	南東	南	南西	西	北西
1月				☽				
2月			★				★	
3月		★				☽		
4月			◎				◎	
5月		◎	◎			☽	★	
6月		★	◎			▲	★	
7月								
8月								
9月		◎				▲	◎	
10月		◎	★			▲	◎	
11月			★				★	
12月		★				☽		

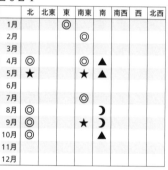

［著者］

李家幽竹（りのいえ・ゆうちく）

韓国・李朝の流れをくむ、ただ一人の風水師。「風水とは、環境を整えて運を呼ぶ環境学」という考え方のもと、衣・食・住、行動全般にわたるさまざまな分野でアドバイスを行っている。女性らしい独自のセンスで展開する風水論は幅広い層に支持されている。現在、テレビ・ラジオ・雑誌・セミナーなどで幅広く活躍。風水を仕事にする人材を育成するため、「一般社団法人　李家幽竹空間風水学会」を設立し、理事長をつとめる。

主な著書に、『ナンバー１風水師が教える運のいい人の仕事の習慣』『改訂新版　絶対、運が良くなる旅行風水』『絶対、運が良くなるパワースポット』『絶対、お金に好かれる！金運風水』（以上、ダイヤモンド社）、『おそうじ風水』『運がよくなる 風水収納＆整理術』（以上、PHP文庫）、『最強 パワーストーン風水』（秀和システム）、『李家幽竹の開運風水』『九星別365日の幸せ風水』シリーズ（以上、世界文化社）など多数。

オフィシャルウェブサイトでは会員限定の風水コンテンツを配信中。

李家幽竹
オフィシャルウェブサイト　https://yuchiku.com
一般社団法人　李家幽竹空間学会
オフィシャルウェブサイト　https://www.kukan-fengshui.com
Instagram　https://www.instagram.com/yuchikurinoie
Twitter　https://twitter.com/rinoieyuchiku

どんな運も、思いのまま！ 李家幽竹の風水大全

2021年10月５日　第１刷発行
2022年８月29日　第４刷発行

著　者――――李家幽竹
発行所――――ダイヤモンド社
〒150-8409　東京都渋谷区神宮前6-12-17
https://www.diamond.co.jp/
電話／03･5778･7233（編集）　03･5778･7240（販売）

編集協力――――木村涼子
イラスト――――大塚砂織
装丁・本文デザイン・本文DTP――新井大輔、中島里夏（装幀新井）
校正――――鷗来堂
製作進行――――ダイヤモンド・グラフィック社
印刷――――新藤慶昌堂
製本――――ブックアート
編集担当――――中村直子

ISBN 978-4-478-11247-2